ウズベキス
トルクメニスタン
マザリシャ
ジョウザン
イラン
サリプル
ファリアブ
バドギス
バーミ
ヘラート
アフガニスタン
ヘラート
ゴール
ダイクンテ
ウルズガン
ファラー
ザブー
ラシュカルガー
カンダハル
ニムロズ
ヘルマンド
カンダハル
ク

タリバンの復活

火薬庫化するアフガニスタン

外務省・前国際情報官
進藤雄介

花伝社

タリバンの復活◇目次

第Ⅰ部

前　史

タリバンの誕生と崩壊

ジャララバード市内にて（2002年7月）

第1章　タリバン誕生

1　タリバン出現

一九九四年一〇月、約三〇台からなるパキスタンのトラック隊がクェッタを出発し、アフガニスタンに向かった。カンダハル近郊に達したところで、地元の軍閥らがトラック隊を抑留してしまった。パキスタン政府が救出作戦を考えあぐね、具体的な行動を取れずにいたとき、タリバンが軍閥への戦闘を開始し、トラック隊を解放した。

タリバンはトラック隊を捕えていた軍閥の司令官の死体を戦車の砲に吊るした。このように死体をさらし、見せしめにする行為は、その後、タリバンのトレードマークとなった。

約二〇〇〇名のタリバンはそのままアフガニスタン第二の都市であるカンダハルに向かい、占領してしまった。この一件がそれまで知られていなかった「タリバン」という集団を世界に知らしめることとなった。

タリバンの起源

タリバンの多くは、パキスタンのアフガニスタン国境付近のマドラサ（イスラム神学校）で勉強するアフガニスタン人の学生たちであり、パキスタンにあるアフガン難民キャンプで育った。ほとんどがパシュトゥン人である。

一九八九年、ソ連軍はアフガニスタンからの撤退を完了した。その後、しばらくアフガニスタンではナジブラ大統領の共産主義政権が持ちこたえていたが、一九九二年四月には、ムジャヒディン（ソ連軍のアフガニスタン侵攻に対して立ち上がったイスラム教徒の戦士たち）がカブールを占拠、共産主義政権が崩壊し、ナジブラは国連事務所に逃げ込んだ。

これでようやく、アフガニスタンに平和が訪れるであろうと多くの人々が期待した。しかし、そうした期待に反し、政権を取ったムジャヒディンたちは、内輪もめを始め、再び内戦に逆戻りしてしまった。

コーランを学ぶマドラサの学生たちは、英雄であるはずの「ムジャヒディン」たちの行状に失望した。国土が荒廃し、腐敗が横行し、秩序はなくなり、軍閥となったムジャヒディンたちが群雄割拠していた。悪くなるばかりの祖国を憂えて、イスラム教に基づき治安と秩序を回復しようと、世直し運動に立ち上がったのがマドラサの学生たち、すなわち「タリバン」であった。かつて、イスラム帝国の支配地域が拡大し、イスラム教が広まっていった時代に、「右手にコーラン、左手に剣」と表現されたが、それを地で行ったのがタリバンであった。「タリバン」*は、厳格なイスラム教を適用することにより、アフガニスタンの再建を図ることを目標にした。

＊「タリバン」の語源は、アラビア語の「タラバ」（「求める」の意）、「ターリブ」（「求める人」、転じて、「学生」「生徒」）である。「ターリブ」のペルシャ語での複数形が「タリバン」となる。

一九九四年に「タリバン」という集団が現れる以前からマドラサの学生、生徒という意味で「タリブ」「タリバン」という言葉が日常的に使われていた。アフガニスタンはイスラム保守色が強い国であり、一般の人々はマドラサでイスラム教を学んでいる生徒たち（「タリブ」）に対し一定の尊敬の念を抱いている。

ちょうど、ミャンマーやタイなどの仏教国で僧侶が尊敬されているのと同じように、イスラム教徒であるアフガニスタン人はイスラム教やコーランの知識を持つ「ムラー」と呼ばれるイスラム指導者＊を尊敬している。ムラーたちはモスクでの礼拝を指揮し、説教を行い、あるいは日常の争いごとの仲介役を果たしたり、葬儀を執り行うなど、イスラム教徒たちを指導し、頼られる存在である。

＊ イスラム聖職者。ただし、イスラム教では、すべてのイスラム教徒は平等であり、神と人を仲介する特別な階級が存在しないという考え方に基づいて、キリスト教の神父や仏教の「僧侶」のような聖職者はいないことになっている。

ムラーたちが尊敬されているのと同様に、ムラーになるためにイスラム教を学ぶタリブたちについても人々から尊敬されており、例えば、タリブたちが近所に寄付や食べ物の寄進を求める場合には人々は喜んで求めに応じていた。

このように人々から尊敬されているムラーやマドラサの生徒たちの集団である「タリバン」が現れたとき、人々はこの正義感の塊のような集団を救世主のように感じ、彼らが治安を回復し、社会正義を実現してくれることを願った。その時、アフガニスタンを支配していたムジャヒディンたちは市民を巻き添えに戦闘を続けており、人々はタリバンがムジャヒディンを退治し、平和をもたらしてくれることを期待した。

多くのタリバン指導者は世界を全く知らず、田舎のマドラサでイスラム教を学んだに過ぎず、イスラム教の教義への深い知識があるとは言い難い。従って、彼らのイスラム教の思想は、洗練されているようなものではなく、全く粗い、地元に根ざしたイスラム教である。タリバンが学んだマドラサの教師は、主としてデオバンディ学派に属しており、タリバンのイスラム教の思想にはインド亜大陸やサウジアラビアに起源を有する過激な原理主義（デオバンディ学派やワッハビズム）が混じっていた。しかし、タリバンのメンバーの多くがたまたま、デオバンディ派の教師から学んだというだけであり、組織としては、タリバンとデオバンディ学派との間には連携はない。

タリバンとパシュトゥン民族主義

このようにタリバンは表面上はイスラム教を「錦の御旗」とし、純粋にイスラム教に基づき秩序や治安を回復しようという運動であったが、その裏にはパシュトゥン民族主義が潜んでいた。タリバンが登場したときにアフガン国民が期待したと述べたが、それは主としてパシュトゥン人であり、他の少数民族の反応はパシュトゥン人とは異なり、警戒する者が多かった。

タリバンは基本的にアフガニスタンの最大民族であるパシュトゥン人の集団である。米中央情報局（ＣＩＡ）の公開資料によれば、アフガニスタンの民族構成は、パシュトゥン人四二%、タジク人二七%、ハザラ人九％、ウズベク人九％となっている。アフガニスタンでは、一七四七年にアハマド・シャー・ドゥラニ王が今日のアフガニスタンという国を建国して以来、国王はほぼ常にパシュトゥン人であり、一九七三年の王制打倒後も、パシュトゥン人は基本的にアフガニスタンで支配的立場にあった。

しかしながら、内戦が始まると、パシュトゥン人の支配的地位は奪われてしまった。軍閥たちが入り乱れての戦乱となったが、形式的にカブールを支配していたのは、ラバニ大統領、アハマド・シャー・マスード将軍らのタジク人グループであった。

パシュトゥン人たちがアフガニスタンの支配的立場を失ったという現実に不満を抱いていたところに、パシュトゥン人の集団であるタリバンが登場した。タリバンがパシュトゥン人居住地域を比較的簡単に制圧できたのは、パシュトゥン人たちがタリバンに対し、パシュトゥン人によるアフガニスタン支配の回復を期待したという側面を持っていた。民族という視点でアフガン内戦を見てみると、タリバンが誕生し、アフガニスタン支配を進めていくということは、パシュトゥン人によるアフガニスタン支配をパシュトゥン人たちが復活させようという運動に他ならなかった。

なお、タリバンの勃興には、パシュトゥン民族主義に加え、パキスタンの戦略的野望も潜んでいるが、この点については後述する。

2　ムラー・モハマド・オマル最高指導者

単純、素朴な人物

アフガニスタンの内戦で「活躍」する軍閥は、通常、「顔」となる人物が存在する。その一人の指導者が軍閥全体を思い通りに支配する。しかし、タリバンの成り立ちは、そうした軍閥とは異なり、一人の支配者が行動を起こしたというものではない。タリバンに対しパキスタン、とりわけ軍統合情報局（Inter-Services Intelligence, ISI）の支援があったとも言われているが（タリバンの誕生の際には、ＩＳＩがかかわっているという話もある）、上述の通り、タリバンはマドラサの学生たちが荒廃し尽くされた祖国を憂慮し、秩序を回復しようと自然発生的に立ち上がった「世直し運動」という要素を強く持っている。

従って、タリバンの最高指導者である、ムラー・モハマド・オマルは、他の軍閥の指導者とは異なり、戦場を駆け巡るようなタイプの人物ではない。むしろ、その正反対で、世捨て人のようにこもり、人前にもなかなか姿を現さない人物であった。

オマル師はカンダハル近郊のノデという村で一九五九年頃に生まれた。アフガニスタンの最大民族であるパシュトゥン人には二大部族として、歴代国王を輩出したドゥラニ族と、そのライバルであるギルザイ族があるが、オマル師はギルザイ族のホタキ族出身である。ホタキ族はギルザイの中でも有力部族であるが、オマル師自身については名が知られていたわけではなく、部族の有力者というわけではなかったようである。

オマル師は、対ソ連ジハード戦争でヒズビ・イスラミのユヌス・ハリス派の兵士として戦った際に右目を失っていた。一九八九年のソ連軍のアフガニスタン撤退後、カンダハル州西部のマイワンド郡に移り、モスクで礼拝を指導するようになったが、一九九四年に再び武器を取り、タリバン運動を創設したと言われている。

モハマド・オマル師は滅多に公の場に出ることがなかったし、また、タリバンは人の写真を禁止したため、オマル師の写真はほとんど存在せず、アフガン人の中でも、オマル師を見たことがある、あるいは、テレビ、ラジオを含め声を聞いたことがある、という者はまれであった。多くのアフガン人がこの新たなアフガニスタンの指導者がどのような人物であるか好奇心を持った。

オマル師が西側諸国のマスコミとのインタビューに応じることはなく、わずかにイスラム諸国のマスコミとの会見にまれに応じるといった程度であった。その限られたマスコミとのインタビューで明らかになったことは、オマル師は非常に単純、素朴な人物であり、アフガニスタンを取り巻く国際情勢はもちろんのこと、アフガニスタンの国内政治情勢すら、正確に理解しているか疑わしい、ということであった。マスコミからの簡単な質問に対しても周囲に控えている他のタリバン指導者に答えを求めることがしばしばであったという。アフガニスタン一国を統治する能力を持ち合わせているか、極めて疑わしいという印象を与えた。

称号「信徒の指導者」

一九九六年四月四日、オマル師は、カンダハルの聖堂に封印されていた預言者ムハンマドのものと言い伝えられている外套を取り出し、カンダハルのある建物の屋上で群衆にそれを示し、そして身に着けた。これは、オマル師が「信徒の指導者」（アミール・アル・ムミニーン）という称号を得たことを示す儀式であった。その前日に、アフガニスタンの各地から集まった一〇〇〇人を超える宗教指導者たちがオマル師を「信徒の指導者」に推挙していた。

この「信徒の指導者」という称号は、「イスラム共同体全体の指導者」を意味する。アフガニスタンだけではなく、中東、アフリカ、アジアなど世界のすべてのイスラム教徒の指導者、支配者であることを意味した。歴史的には「正統カリフ」と称される預言者ムハンマドの後継者やその後のスンニ派王朝の元首たる「カリフ」に対して用いられてきたものであり、七世紀の第二代正統カリフ、ウマルが初めて使用したとされる。

そのような仰々しい称号を、アフガニスタンの田舎で育ち、たいした教育も受けておらず、イスラム教の知識も豊富とは言い難く、預言者の血を引いているわけでもないオマル師が名乗ることは、まさに冗談のような話であった。内戦の相手である北部同盟はオマル師のそのような行動を一笑に付した。「信徒の指導者」の称号を名乗るからには、アフガニスタンだけではなく、まさにイスラム世界全体の支配をめざすような含意があるが、アフガニスタン全土はもちろんカブールすら制圧できていないタリバンの指導者がそのような称号を用いることは、呆れる話であった。

一九九六年九月にタリバンがカブールを奪取した後、オマル師はカブールに暫定政府としてシューラ（イスラム評議会）を設立した。しかし、オマル師自身はカンダハルにとどまり、そこから指示を出した。

3　カブール制圧

タリバンの北上

一九九四年一一月にカンダハルを占領したタリバンはカブールをめざし北上した。タリバンが進軍する途上において、南部地域の軍閥たちは、ほとんどの場合、戦わずして、退散するか、降伏する、あるいは、おとなしくタリバンに従った。多くの司令官たちは買収されてタリバンへの抵抗を断念した。

タリバンの中核は、イスラム保守色の強いイスラム教「聖職者」であるムラーやマドラサでコーランを学ぶ学生たちであり、イスラム保守色の強いアフガニスタンでは非常に尊敬されていることは既述の通りである。そのように尊敬されているタリバンがやってくると、タリバンを相手に戦うことには気が引けた兵士たちも多かった。タリバンを相手にして戦うなどもってのほかであると考えるものたちも多くいた。タリバンが出現したばかりの初期のころは、タリバンがイスラム教の御旗を掲げると、水戸黄門の印籠ほどではないにせよ、ある程度の効き目があったようである。

タリバンは戦争には不慣れな面はあったが、パキスタンの軍統合情報局（ＩＳＩ）の指導により、軍隊らしく訓練された。そして、アフガニスタンを進軍するにつれ、戦闘に長けたムジャヒディンたちも参加したため、強力な軍隊に育っていった。

カブール攻略

山間をぬってはしるカブール＝ジャララバード間の幹線道路（2002年7月）

タリバンが出現してからわずか三ヵ月ほどしか経っていない、一九九五年二月には、タリバン軍はカブール近郊に到達し、そこに陣取っていたグルブディン・ヘクマティアル元首相（イスラム党党首）の部隊と対峙した。ヘクマティアル派はタリバンを前に、戦わずして退散した。

その後、タリバンはカブール攻略を試みるが、なかなかうまくいかなかった。カブールは、対ソ戦の英雄で「パンジシールの獅子」と呼ばれたアハマド・シャー・マスード率いるタジク人部隊が陣取っており、その攻略は容易ではなかった。次第に、タリバン側の犠牲者も増大し、タリバン内部には動揺が広がっていった。

あくまで戦闘を主張するグループと交渉により妥協を図ろうとするグループとの間で激しく対立するようになった。最高指導者オマル師の周辺のタリバン幹部たちは、タリバン内部の動揺を抑え、組織の団結を強化し、兵士たちの士気を高める方途を考えなければならなかった。その結論が、先に述べたオマル師への「信徒の指導者」（アミール・アル・ムミニーン）という称号の付与であった。

一九九六年春から、カブール近郊に陣取ったタリバンはカブールへのロケット攻撃を繰り返したが、カブール制圧はなかなか難しい状況であった。そこで、やや戦法を変更し、八月に、まず、東部の主要都市であるジャララバードを攻略することとした。そのまま、東部地域を占領し、カブールに向け進軍した。同時に、タリバンの別の部隊が南方からも攻撃するなど、多方面からカブールへの攻撃を開始すると、形勢不利と判断したマスードの部隊は戦うことなく北方へ逃避した。九月二六日夜のことであった。

その夜のうちに、タリバンはナジブラ元大統領を処刑し、遺体を町の真ん中で吊るしておいた。一夜明けてカブールの住民は、このおぞましい光景を目にし、新しいカブールの支配者の残虐性に身を震わせた。

4　マザリシャリフをめぐる攻防

一九九七年の敗北

一九九六年九月にタリバンが首都カブールを支配すると、アフガニスタンの残る主要都市は北部のマザリシャリフであった。タリバンはマザリシャリフ攻略の準備を進めたが、そこはウズベク人の軍閥アブドゥル・ラシッド・ドスタム将軍が陣取り、攻略は容易ではなかった。

一九九七年五月、ドスタムの副官であるマリク将軍がタリバンに寝返り、ドスタムはウズベキスタンからトルコに脱出した。タリバンは抵抗を受けることなくマザリシャリフに無血入城した。このタリバンによるマザリシャリフ制圧を受け、パキスタンは早速、世界で初めてタリバンをアフガニスタンの政府として承認、すぐにサウジアラビアとアラブ首長国連邦が続いた。しかし、この政府承認はやや早まった決定であった。

その数日後には、マリクが今度は手を結んだはずのタリバンを裏切り、ハザラ人部隊やマザリシャリフの住民もタリバンに対して蜂起したため、タリバンは大混乱に陥った。パキスタンのマドラサやアフガニスタンの南部出身者がほとんどを占めるタリバン兵士たちは、マザリシャリフの地理には不案内であり、戸惑っているうちに、多数が虐殺された。マリクの裏切りとそれに続く敗北で数千名のタリバン兵士が殺害された。タリバンは誕生以来、マザリシャリフにおいて最悪、かつ、最も惨めな敗北を喫し、退却した。

マザリシャリフの住民たちが、タリバンに対して立ち上がった理由の一つには、タリバンが押し付けようとした規則への反発が挙げられる。マザリシャリフはアフガニスタンの中でも、自由、かつ、開放的であり、女性に対する諸規制はもちろんのこと、男性にひげを伸ばすことを強制したことに対しても、反発が強かった。

そうしたマザリシャリフの都市住民たちの文化に加え、民族の要因も挙げられる。マザリシャリフの攻防は、南部パシュトゥン人たちが北部のウズベク人、ハザラ人などの少数民族を支配しようという図式である。それまでタリバンが支配してきた地域は、首都カブールは特別として、それ以外は南部、東部などパシュトゥン人の居住地域であった。そのため、地元のパシュトゥン人たちは、同じパシュトゥン人であるタリバンを比較的おとなしく受け入れたが、マザリシャリフは事情が異なる。民族的に異なる「よそ者」のタリバンがやってきて、窮屈な規則を押し付けようとしたので、マザリシャリフの住民の間で反発が一気に爆発した。一度支配下においた地域で、住民たちのこのような武装蜂起が起きたのは、タリバン誕生以来初めてのことであった。

さらに、タリバンはマザリシャリフに入るとすぐにハザラ人部隊の武装解除を始めたが、内戦が続いて「武器の文化」が根付いていた上、多数派パシュトゥン人による虐殺をしばしば経験しているハザラ人たちが抵抗したことは無理もないことであった。

タリバンによる大虐殺

一九九八年八月、タリバンは態勢を整え、前年の雪辱を果たすべく、再びマザリシャリフを攻撃した。まず、ドスタム将軍のウズベク人部隊を破り、続いて、激しく抵抗するハザラ人部隊を撃破し、マザリシャリフを占領した。翌九月にはマザリシャリフに続いてハザラ人の拠点であるバーミヤンも陥落し、これにより、タリバンは北部のごく一部の地域を除きアフガニスタンの国土の大部分を支配するようになった。

タリバンはマザリシャリフに入ると、前年の復讐として、住民の大虐殺を始めた。正確な数字はわからないが、数千人が虐殺されたと推定されている。長年にわたるアフガニスタンの内戦で一度にこれだけの規模の虐殺が行われたのは珍しいことである。当初は、無差別の虐殺であったが、やがて標的はハザラ人に絞られた。

ハザラ人がタリバンによる虐殺の標的になったということは、アフガニスタンの歴史上たびたび見られた、パシュトゥン人による「ハザラ人いじめ」をタリバンが行ったということであった。タリバンは民族の相違を超越した「イスラム」という御旗を掲げたものの、マザリシャリフの虐殺を見る限り、タリバンの行為は民族虐殺であった。

タリバンはその前年に敗れた恨みを晴らそうとしたわけであるが、前年にタリバンを裏切りタリバンを虐殺したのはウズベク人部隊が中心であり、それにもかかわらず、その翌年にウズベク人ではなくハザラ人が主たる標的となったのは、ハザラ人への民族的な偏見、敵対心、及びシーア派住民への宗教的な反発が強く表れたからに他ならない。

第2章　タリバンによるアフガニスタン支配

1　治安の安定

タリバンが支配した地域では住民たちは、最初はタリバンを歓迎した。それまでは、乱立する軍閥たちがそれぞれの地域を支配し、住民たちから不当な課税や金品を巻き上げ、女性を誘拐した上、乱暴するなど暴君のように振舞い、好き放題をしていたため、まともな経済活動、生活ができなかった。軍閥に代わり支配者としてタリバンが来るようになると、少なくとも治安は良くなった。タリバンに批判的なアフガン人もこの点については夕リバンを評価している。

タリバンの支持が急速に拡大していった背景には、その当時、人々が長年にわたる無法状態、無政府状態にうんざりし、ムジャヒディン各派による内戦に絶望感を抱いていたため、タリバンにいくばくかの希望の光を見出そうとしたことが挙げられる。タリバンの思想に共鳴したわけではなく、ムジャヒディンたちが群雄割拠する生き地獄から抜け出したかったということである。

タリバンは厳格なイスラム教、イスラム法（シャリーア）を押し付けたが、軍閥たちのように勝手

伝統的な服装の男たち（ザブール州カラート付近で、2002年12月）

に住民から金品を巻き上げるようなことはほとんどなかった。非常に保守的なイスラム教の国であるアフガニスタンの国民の多くは、タリバンが押し付けるイスラム教による支配についても、軍閥支配よりはるかに良いことだと考えた。タリバンの最大の目的は、自らが正しいと信じるイスラム教原理主義によるアフガニスタン支配であり、彼らは純粋な理想を抱いていた。

タリバンによる様々な規則

タリバンは一〇〇％純粋なイスラム教に基づいた統治を行うと称して、様々な規則を設けた。タリバンがカブールを制圧すると、二五万人と言われる数の市民がマザリシャリフなどの北部地域、あるいは、隣国パキスタンに逃れた。一般に内戦で支配者が交代すると、少数民族や抵抗する力がない貧しい人々が移住することがあるが、カブールの場合には、タリバンの極端なイスラム教の考え方を嫌って、知識階級、上流階級、中産階級の者が真っ先に逃げ出した。

女性は、後述するブルカと呼ばれる服装を着ることを求められ、男性は伝統的なアフガニスタンの服装を着た上でひげを生やさなければならなかった。アルコール飲料が禁止であることは言うまでもないが、踊り、音楽（タリバンによれば、音楽は「愛」について語るものばかりであり、よろしくない）、サッカー、テレビ、映画、肖像画・写真（偶像崇拝とみなされる）なども禁じられた。

人間の写真が禁止されるということは、例えば、結婚式でカップルの記念の写真を取ることもできない。家族写真や可愛いわが子の写真をとることもできないので、何年もたった後に、写真を見ながら家族や子供の頃を懐かしく思い出すなどということもできなくなる。親が死ぬと写真で生前の姿を偲ぶこともできない。想像しただけでも、過酷な規則である。

アフガニスタンでは子供たちの間で凧揚げが盛んであるが、これも禁止された。こうした戒律を強制するために、勧善懲悪省に強い権限が与えられた（勧善懲悪省自体はムジャヒディン政権時代から存在した）。勧善懲悪省の職員が、カブールの至る所で監視し、規則を破る者がいれば、その場で棍棒や鞭で叩いたりした。

タリバンがイスラム法による支配を実現しようと様々な規則を直ちに導入したが、ほぼ唯一の例外は、けしの栽培であった。けしの栽培については、直ちに禁止することはせず、一〇％の税を課した。タリバンの言い訳は、「今は戦闘に忙しいが、全土を制圧すれば、けし栽培を禁止する」というものであった。

二〇〇〇年ごろからタリバンはけし栽培を禁止するようになった。二〇〇〇年七月には最高指導者オマル師の布告が出され、けし栽培が全面的に禁止された。タリバンは当時、国連安保理決議などにより国際的な孤立を深めており、国際社会との関係を改善するために方針転換したという見方が出されたが、他方で、アフガニスタンでのけし栽培が増加したことも一因となり麻薬の価格が急落したため、タリバンは価格維持、あるいは価格をつり上げるためにけし生産を削減しようとした、という穿った見方もされた。

2　国際的な批判を浴びた女性の規則

女性は男を惑わす存在

タリバンによるさまざまな規則の中でも、とりわけ国際的な批判が強かったものは女性に関するものであった。

タリバンは基本的に女性の外出を禁止した。やむを得ず外出する場合には、頭のてっぺんからつま先まで全身を覆うブルカと呼ばれる衣服を身に着けることを強制し、しかも原則として男の親族が同行しなければならなかった。こうした規則は、女性は男を惑わすという考え方のもと、女性の保護を徹底させるためのものであった。しかし、長年にわたり内戦が続き、戦死者、そしてそれに伴う未亡人たちが多数いる社会では、この規則は、そうした未亡人たちにとり厳しいものであった。さらに、女性は男性の前を歩いてはいけないという「おまけ」まで付いていた。

女性は歩くときにキューキューと音が出るような靴を履くことを禁止された。男性を刺激するからだという。異常なほどの徹底振りである。タリバンによれば、女性は音を出さずに、そっと歩かなければいけない、ということであった。また、女性が中にいる建物の窓は、外から見えないようにペンキを塗らなければならないとされた。

女性の服装がちょっとでもタリバンの規則に合致していない、例えば、目がベールで覆われていない、あるいは、ブルカの長さが十分でなく足首が見えた、となると、タリバンはそうした女性を叩いたりした。

タリバンは支配地域で女性の就労を禁止した。一九七九年のソ連のアフガニスタン侵攻以来、内戦状態にあるアフガニスタンでは、多くの男たちが兵士として戦闘に従事していたため、多くの女性たちが、政府職員、教師、看護師をはじめ、さまざまな職業に就いて活躍していた。そうした女性たちにとってはタリバンの就労禁止規則は冷酷なものであった。

タリバンが支配するようになると学校も一時的に閉鎖された。その後、男の子については、コーランを基本にしたイスラム教の教育のみが許された。それ以外の教育は西洋の堕落した有害な考え方を植えつけようとするものであり、それはタリバンがめざす「純粋なイスラム国家」の思想に反するので絶対に認めるわけにはいかない、というのがタリバンの考え方である。

もっとも、そうした表向きの理由に加えて、タリバンが教育に反対するのは、戦乱の時代に貧しい家庭に生まれ育ち、自分たちがまともな教育を受けていないことに対する僻みのような感情があるのではないか、あるいは、一般住民が教育を受け、知識を持つようになると、タリバンの無学、愚かさが明らかになり困るからではないか、というような見方も示された。

いずれにせよ、アフガニスタンでは、学校の教師は女性が多いことに加えて（約七割の教師が女性であったと推計されている）、女性の就労が禁止され、男性の教師の数がとても足りなかったので、多くの学校が閉鎖されてしまった。

女の子については、宗教教育を含め、一切の教育が認められなかった。そのため、こっそりと自宅で女の子を教えたりする者も現れたが、タリバンに見つかると厳しい処分を覚悟しなければならなかったので、そうしたことは命がけであった。一部の金持ちのなかには、学校教育を受けさせるために、娘をパキスタンに送ったりした者もいた。

タリバンは女性についての就労禁止、教育禁止といった規則については、一時的なものであり、タリバンが内戦に勝利し全土を統一するようになれば、そうした問題にも取り組み、改善を図る、とも主張した。とりわけ強い批判を浴びた女子の教育の制限については、タリバンは、男女別の教室の整備、女子専用の通学手段の確保など、女子と男子を完全に分けることが可能になれば、女子の教育を認めるが、現時点ではそれは不可能であると言い訳した。

女性患者をめぐる病院の混乱

女性の就労が禁止されたことに伴う混乱は、学校だけに限られなかった。政府職員にも女性が多くいた。病院についても、女性が多く働いていたので、スタッフ不足に陥り、患者の受け入れ、治療などに支障をきたすようになった。

男性医師が女性患者を診ることは、その女性の男性親族が付き添う場合などの例外を除いて禁じられたので、多くの女性にとっては医療サービスが受けられなくなり苦労した。女性の中には、ブルカを買う金がないため外出できない、付き添ってくれる親族男性がいない、女性医師がいないため病院が受け入れを拒否した、など様々な事情で治療を受けられず、死んでしまうというケースも珍しくなかった。

一九九七年九月、タリバンは、患者であれ、スタッフであれ、女性は男性がいる病院には入れないという規則を定め、カブールの女性患者たちは、一つの施設に移動させられたことがあった。その施設は外科手術設備、レントゲン装置などの基本的な医療設備はもちろんのこと、水や電気も十分ではなく、とてもまともな治療が受けられるような状態ではなかった。

その同じ月に、エマ・ボニーノ人道問題担当欧州委員（閣僚級）一行がカブールを訪問した。ボニーノ欧州委員（女性）はタリバンによる女性の扱いに憤慨し、マスコミ関係者を伴い、唯一の女性用の医療施設に押しかけた。ボニーノ欧州委員一行は、タリバンの定めた規則に反し、女性の写真を撮り始めたため、病院関係者（女性たち）があわててタリバン当局に通報し、ボニーノ委員ら一行一九名を宗教警察が逮捕してしまった。逮捕された者の中には、CNNの有名女性記者クリスチャン・アマンプール氏も含まれており、本件が大々的に報じられた。一行は、三時間ほど拘束された後、釈放され、タリバンも謝罪したが、ボニーノ委員は、この事件はタリバン支配下のアフガン人が恐怖の下に暮らしていることを示していると述べて、強くタリバンを批判した。

タリバンもこの規則はやり過ぎだと感じたようであり、約二ヵ月後に規則を緩和し、女性患者専用のスペースを設けた他のいくつかの病院でも女性が治療を受けられるようになった。

ブルカをまとった女性（カブール市内にて、2002 年 4 月）

以前からの部族習慣

欧米諸国は、タリバンによる女性に関する規則を女性の威厳を傷つけると批判し、女性団体などは、タリバンの政策は女性への「アパルトヘイト」だと非難した。しかしながら、タリバンは、逆に、そうした規則は女性を男性から守り、女性の威厳が傷つかないようにするために設けていると反論した。

女性を隔離しようとするタリバンの規則の多く、例えば女子の教育を認めないなどというのは、他国のイスラム法学者から見ても異常であり、イスラム法に基づくとは言い難く、むしろパシュトゥン人の田舎の部族習慣に基づくものであった。

言い換えれば、タリバンが定めた規則の多くは、実はタリバンが出現する以前からパシュトゥン人の田舎では普通に見られた慣習であった。そうした田舎では、女性がブルカを身に着けずに、素顔をさらして外出するようなことはないし、女性が仕事を持ったり、女の子が学校に通うこともなかった。従って、タリバンが様々な規則を設けても、それほど厳しい、あるいは生活が窮屈になったと感じず、また、たとえ、多少の窮屈を感じたとしても、むしろ、いつ殺されてもおかしくなかった軍閥時代よりタリバン支配の方が良いと考える女性が多くいたのも事実のようである。

タリバンの規則により不便を感じた女性たちは、主として都市に住む女性たちであった。タリバンが支配地域を広げ、厳格な規則を適用したため、女性に限らず都市住民が窮屈に感じるようになったが、それは、タリバンが田舎の部族の習慣を都市に強制したからである、と言える。逆に言えば、タリバン政権が崩壊し、新政権が成立して、女子の学校などが次々と建てられ、女性が自由に出かけられるようになるが、それはアフガニスタンの都市の習慣を田舎にも広げようとすることであった。後述するが、その際、女子の学校へのロケット攻撃、放火などが頻発するようになるが、それは、田舎の部族の慣習が破られることへの反発という側面もある。

アフガン人の立場に立てば

筆者はタリバンを弁護するつもりはないが、西側の女性団体が、「ブルカを強制したタリバンはアフガン女性に対し酷いことをしている」「女性に通学、就労を認めず、家に居るように強制するのは人権侵害」と大騒ぎしてタリバンを批判したが、アフガニスタンの事情を考慮すると、もう少し別の見方ができたのではないかという気がする。

ブルカについて言えば、上述のとおり、それはパシュトゥン人の田舎では普通の慣習であった（民族別に見ると、大雑把に言えば、パシュトゥン人は田舎に住み、保守的な者が多いのに比べ、タジク人などは街に暮らしパシュトゥン人より進歩的な考え方の者が多い)。

現実のところ、二〇〇一年末にはタリバン政権が崩壊し、ボン合意により内戦が終了したが、それで直ちにアフガン人の女性たちがブルカを脱いで素顔を出したかというとそういうわけではない。最近、変化が著しいカブールでは、ブルカを着用しない女性が増えているようであるが、田舎ではブルカを着用した者が圧倒的に多いままである。

アフガニスタンを全体的に見れば、タリバンが去っても極めて保守的な社会であることには変わりはなく、女性が派手な服装を着て外出することには、夫や家族が反対するであろうし、それでも町に出れば、タリバンではなくとも、批判的な目で見られ、運が悪ければ、保守的な考え方を持つ者から何らかの危害を加えられる恐れもある。

女性の教育、就労について言えば、田舎のパシュトゥン人にとり、「女性は家にいるべきである」というのはいまだに根強い考え方である。日本でも、「箱入り娘」という表現があるが、保守的なパシュトゥン人の考えと共通する面があるように思われる。大事な娘を学校に通わせると何が起きるかわからない、男の子と仲良くなるかもしれないので、学校に行かせたくないといった思いである。同様に、娘(あるいは妻)が職場で働くようになればそこで知らない男と仲良くなるかも知れず、パシュトゥン人にとってはそんなことは絶対に認められない、ということになる。

日本でも昨今、若者の「性の乱れ」が深刻な社会問題となっており、それに対する効果的な解決策を見出せていないが、極論すれば、タリバンのように徹底して女性を隔離すれば、そうした問題は起きない（解決する）ということになる。タリバンは決して自分たちの女性の扱いが間違っているとか、西欧先進諸国の女性についての考え方が優れている、あるいは良いことだとは思っていない。タリバン流の考え方では、タリバンがめざした社会は、伝統的な「良い家庭」からなる「とてもまじめな社会」であった。

また、女性への制限という点では、例えばサウジアラビアでは、今でもタリバン時代のアフガニスタンと同様に、女性は顔はもちろん、目も、手や足も出すことは許されていないし、就職もごく限られた例外を除き、認められていない。その点では、タリバンのみを批判することはややバランスを欠いていた。

タリバンの女性に関する規則については、タリバンの多くが戦争孤児であり、マドラサで育ち、教育を受けたという背景も考慮しなければならない。人間誰しもたいていは母親に育てられた記憶がある。同じ家庭に、姉、妹、女性の親類などがいる場合もあろう。しかし、内戦の混乱の中で生まれてきたタリバンにはそうした家庭を持たない孤児たちが多い。そして、マドラサに入れば、全寮制であり、孤児院のようなものである。衣食住を支給され、男ばかりの仲間の生徒たちと生活をともにする。そこで教師から教えられることは、「女性は男を惑わす存在であり、イスラム教信仰の妨げになる」といった教えである。こうした生い立ちがタリバンによる女性の扱いに影響を及ぼしている。

3　タリバンによる苛酷な刑罰

一九九六年九月二六日夜、タリバンは首都カブールに入城した。カブールに陣取っていたアハマド・シャー・マスードの軍隊は形勢不利と判断し、北への退却をすでに始めていたため、事実上、戦闘が行われることはなかった。

その翌日の二七日、カブール住民は、市内の交通管制台から吊るされている共産主義政権最後の大統領ナジブラとその弟の遺体を目にし、仰天した。タリバンは、カブールに入り、まず、国連施設内に保護されていたナジブラ元大統領を射殺した後、遺体を散々傷つけ、そして見せしめに交通管制台から吊るしたのであった。このナジブラ元大統領の遺体の写真は通信社により世界中に配信されたため、国際社会も、それまで実態がよくわからなかったタリバンという集団の性格の一端を垣間見ることとなった。

公開処刑

タリバンは窃盗については手首切断、殺人などの凶悪犯に対しては公開処刑を実施した。

一九九六年一二月にカブールでタリバンによる公開処刑が行われた。タリバンによるカブールでの公開処刑は、その年の九月にカブールを征服してからこれが初めてであった。やがてイスラム教の休日にあたる金曜日にカブールの競技場で大勢の人々が見守る中、公開処刑が行われることは珍しくなくなることになる。

一二月の処刑では、妊婦及び三人の子供を殺した犯人に対し、その妊婦の夫が機関銃で射殺した。タリバンによる公開処刑は犠牲者の遺族により執行されるという点でユニークである。

筆者は自分の目で公開処刑を見た経験がある。ただし、アフガニスタンではない。サウジアラビアである。一九九一年の湾岸戦争の前後に筆者はサウジアラビアで勤務していたが、その当時、時折、首都リヤドの街の真ん中で週末に相当する金曜日に公開処刑が行われていた。現在でも、サウジアラビアでは公開処刑が続けられている。筆者が見た処刑では、罪人がひざまづいて座っているところを、処刑人が剣を手にし、一気に首を切り落とした。モノを盗めば、手を切り落とされるが、こちらの方は見たことがない。そうした処刑を誰でも見ることができたので、これは犯罪に対する非常に大きな抑止効果があった。

タリバンは治安を回復させたという点で住民の肯定的な評価が得られた。公開処刑は残虐であるが、そうしたタリバンの規則が治安維持に役立ったという側面はあろう。

姦通罪は「石打ち刑」

姦通罪は投石による死刑であった。

一九九六年からたびたびタリバンによる投石の死刑執行の様子が報じられるようになった。アフガニスタンの田舎の一部では姦通を犯した者に石を投げ、殺してしまうという習慣が残っていたようであるが、現代国家としてのアフガニスタンで公に姦通罪に対し投石による死刑執行を行ったのはタリバンが初めてであった。

姦通罪に対し「石打ち刑」という方法で死刑にする、というのはタリバンが考え出したことではない。イスラム法（シャリーア）にそのように規定されているので、タリバンはそれを厳格に実施したのである。

「石打ち刑」の具体的な実施方法についても、罪人は、男の場合は腰まで、女は胸までの深さの穴に入れられ、手を縛られた上で石を投げつけられる、石の大きさはこぶしほどの大きさ程度で大きすぎてはいけない（大きすぎると、最初の一、二撃で即死してしまい、苦しまずに死ぬため、適当ではない）、というように細かく定められているようである。イスラム教の国ではいまだに「石打ち刑」が実施されている地域もある。例えば、イランは今でも「石打ち刑」が実施され、話題になったりしている。

さらに言えば、「石打ち刑」はイスラム教徒が考え出したものではない。それ以前から、そうした慣習が存在した。聖書には、律法学者とファリサイ派の人達が、姦淫の現行犯として逮捕した女をイエスの前に連れ出し、「このような者は石で打ち殺せ、とモーセは律法で命じているが、あなたはどう思うか」とたずねたのに対し、イエスが「あなたたちの中で罪のない人が、まずこの女に石を投げよ」と答え、結局、一人また一人と去り、「石打ち刑」を執行する者がいなくなったことを記している（『ヨハネによる福音書』第八章）。つまり、イエスが生きた西暦が始まる頃にはすでにユダヤの律法で姦通罪は男女両者とも「石打ち刑」が定められ、実際に、それが実施されていたことが窺われる。

世の中には姦通罪を犯す者など多数いるようにも思われるが、イスラム法によれば、有罪とされるには、その「行為」の目撃者が四人必要であるため、なかなか処刑に至らないケースも多かったようである。

一九九六年八月にタリバンはカンダハルで「石打ち刑」を実施したが、報道によれば、それは次のようであった。

数千人の観客が見守る中、両手を縛られた男女がトラックの荷台に乗せられて運ばれてきた。女はブルカを着ていた。この男女の関係は、女は男の義母にあたった。すなわち、男の父親がその女と再婚したが、やがてその父親が死に、女がそのまま暮らすうちに二人が親しくなったということであった。女の一〇代の息子がタリバンに通報したため二人は密会の現場で逮捕されてしまった。

男は両足も縛られ、そのまま立たされたが、女は腰ほどの深さに掘られた穴に入れられた。すでに、投石のための石が積まれ、用意されていた。まず最初に、判事が石を女性に投げた。それに続いて、タリバン兵士たちがこぶし大ほどの大きさの石を両者に次々と投げつけた。数人の一般市民も投石に加わった。男の方はまもなく死亡したが、女の方は、その女の息子が近づき確認したところ、まだ息があったので、タリバン兵士が近づき、両手で大きな石を持ち上げ、女の頭に石を投げ落とし、とどめを刺した。

4　タリバンとパシュトゥン人の慣習

パシュトゥン人の慣習

タリバンの指導者のほとんどがパシュトゥン人であったが、彼らはパシュトゥン民族主義を表に出すことはせず、むしろタリバンがアフガニスタンのすべての民族に開かれていることを強調していた。しかしながら、タリバンが人々に押し付けた規則の中には、イスラム原理主義の思想というより、パシュトゥン人の慣習に基づくようなものも含まれていたことは上述のとおりである。

タリバンの女性に関する規則に加え、例えば、遺族に処刑を執行させるというタリバン式の公開処刑は、シャリーア（イスラム法）に基づくというより、パシュトゥン人の慣習（部族の掟、パシュトゥンワリ）に近いと言える。「家族の誰かが殺されたら、その家族の手により殺人者に復讐を行わなければならない」というのが部族の掟である。* 政府の役人である処刑人などが処刑を行うのは部族の掟に反することになる。このようにタリバンの規則は、純粋にイスラム法に基づくもののほかに、それにパシュトゥン人の慣習が混ざったものがいくつか見られた。

＊　パシュトゥンワリの一つに「バダル」という原則がある。これは「復讐」と意訳されることがあるようであるが、文字通りには「お返し」という意味である。自分、あるいは自分の家族が受けた同じことを、相手、あるいは相手の家族に対してする権利がある、というものである。この仕返しは、国家や社会、あるいは共同体により実施されるのではなく、犠牲者が自ら実施する権利を持っている。

少数民族たちのタリバンへの恐怖

タリバンの思想が、純粋なイスラム教ではなく、パシュトゥン人の考え方に強く影響されているという事実は、アフガニスタンのパシュトゥン人以外の少数民族にとっては、タリバンの台頭がパシュトゥン人による他の少数民族への支配を意味し、そうした少数民族が虐殺を受けるのではないかということが恐れられた。

多民族国家アフガニスタンでは、民族により、言語をはじめとして、文化、伝統、習慣の違いが大きい。

パシュトゥン人の伝統と異なるというだけで、それが「反イスラム」と決め付けられ、「イスラム教」の御旗の下、差別、弾圧、あるいは虐殺を受ける可能性があった。

　少数民族の中でも、とりわけハザラ人は、ほとんどがシーア派であり、スンニ派のパシュトゥン人、タジク人、ウズベク人などアフガニスタンの他の民族、とりわけスンニ派原理主義のタリバンにとっては異端者と映り、その存在自体が問題視される可能性があった。

　ハザラ人は風貌も日本人とよく似ており、他のアフガン人たちとは明確に異なる。一説には、ハザラ人はチンギス・ハーンの軍隊が遠征した際にやってきたモンゴル人たちの末裔とされている。昔からハザラ人たちは、他の民族から見下され、差別的扱いを受け、アフガニスタン社会の底辺の下層階級にあった。

　アフガニスタンの歴史において、パシュトゥン人によるハザラ人の虐殺もたびたび行われた。古くは、一九世紀の終わりごろ、ハザラ人が当時のパシュトゥン人の王に反乱を起こしたため、虐殺され、多くのハザラ人住民が土地を取り上げられ、奴隷となり、その地には国王のドゥラニ族パシュトゥン人と対立関係にあるギルザイ族パシュトゥン人が住まわされた、ということもある。そうした歴史的背景から、ハザラ人はタリバン支配には強く抵抗した。

第3章　タリバンの置かれた国際関係

1　タリバンを支援したパキスタン

インドとの緊張状態

一九四七年に英国からインドとパキスタンが独立するにあたり、カシミールがどちらに帰属するかという問題をめぐり、印パ両国が対立した。このため、独立の翌年には、両国が戦火を交えた。この第一次印パ戦争を含め、これまで三度両国は戦争している。その後も緊張関係が継続している。

地図でインドとパキスタンを見れば容易にわかるが、面積ではインドの方が圧倒的に大きい。人口を比べても、パキスタンが一億五千万人余りであるのに対しインドは一〇億人を超えている。パキスタン軍は、陸上戦力が約五五万人、航空戦力として作戦機約四二〇機保有しているのに対し、インド軍は陸上戦力約一一〇万人、作戦機約九九〇機保有（平成一八年版『日本の防衛』）、というように、インドがパキスタンを圧倒している。

しかも、パキスタンは細長い国土であり、長い国境をインドと接している。素人目にも、インドの

地図２　南アジアとその周辺

大軍がパキスタンを攻めたらひとたまりもないように見える。インドと反対側の国境はアフガニスタンとの国境であるが、細長い国土であるため、インドから攻められたら、すぐにアフガニスタン側の国境に追い詰められるように見える。つまり、パキスタンにとっては、退却して態勢を整えるような「深み」がない。

そうした地政学的事情から、パキスタンにとっては、長年にわたり、敵であるインドに対抗するためアフガニスタンに親パキスタン政権を据え、「戦略的縦深性」(strategic depth) すなわち「戦略的な深み」を備え、細長い国土という不利を補完しなければならない、と認識されてきた。

パキスタンの「戦略的縦深性」の考え方では、仮にインドと戦火を交える際には、背後を心配することなくインドとの戦闘に専念し、アフガニスタンから政治的のみならず物質的、軍事的支援も受ける。インドの大軍に圧倒されても、アフガニスタンに一時的に退却、避難し、態勢を整えて反撃する、ということである。パキスタン独立以来、アフガニスタンとパキスタンの関係は国境問題などをめぐり、緊張関係が続いており、インドのみならず、背後のアフガニスタンからも挟み撃ちで攻められることは、パキスタンにとって悪夢のシナリオであった。

パキスタンの戦略的縦深性の議論でいう「親パキスタンのアフガン政権」という構想では、パキスタンとアフガニスタンにまたがって居住し、パキスタンの主要民族の一つであるパシュトゥン人による政権であることが重要と考えられた。

パシュトゥン人はアフガニスタンの最大民族であるが、パキスタンにも居住している（一六六ページ、地図3）。パシュトゥン人はパキスタン国内では少数民族であるが、絶対数を比較すると、アフガニスタンに居住するパシュトゥン人一一〇〇万人よりパキスタンに居住するパシュトゥン人一七〇〇万人の方が多いという関係にある。同じ民族が困っているときに、支援が期待できる、というわけであった。

イスラム原理主義によせる期待

パキスタンにとっては、パシュトゥン人中心の政権がアフガニスタンに成立すればそれで十分であり、安心できるというわけではない。パシュトゥン人の民族意識が高揚すると、パキスタンの部族地域（連邦直轄部族地域 Federally Administered Tribal Areas, FATA）などパシュトゥン人居住地域をアフガニスタン領であると主張する、あるいは、パシュトゥン人からなる国家（パシュトゥニスタン）の独立に向けた動きが生じるなどの危険性がある。

アフガニスタンはパキスタンとの国境（デュランド・ライン）を認めていないため、そうした領土問題が再燃する火種は残ったままである。現に、王政時代にこの「パシュトゥニスタン」問題が具体化したこともあった。この民族意識がパキスタンに波及すれば、パシュトゥン人だけの問題にとどまらず、パキスタンの各民族（パンジャブ、シンド、バローチなど）の民族運動に発展しかねない。

パキスタンは英領インドのうちイスラム教徒が多い地域が、イスラムを共通点として独立したのであり、民族としては多民族であり、言語も異なり、バラバラである。国の結束を図るためにはイスラムを強調しなければならない、という運命にある国である。一九七一年に東パキスタンのベンガル人たちが自らの民族のアイデンティティーを求め、バングラデシュとして独立したという事実は、パキスタンにとり非常に悔やまれることであり、トラウマとなっている。

そのため、パキスタンにとっては、アフガニスタンを支配する政権はパシュトゥンの民族主義的な考え方より、イスラム原理主義を主張する勢力でなければならない。

イスラム教のもともとの考え方には、イスラム教徒は皆、ウンマという共同体で生活すべきであるという考え方があり、近代的な国家や民族主義の考え方とは相容れない。民族、部族を超えて信者たちが集まり、イスラム教に従い、皆平等に、お互いに助け合い生活する、というのがウンマの考え方である。預言者ムハンマドがメディナで築いた共同体が理想のウンマと考えている。イスラム原理主義は、ウンマ、すなわちイスラム共同体の実現をめざしている。そのため、イスラム原理主義政権がアフガニスタンに成立すれば、「パシュトゥン人の国を創ろう」という動きになる可能性は低いと考えられた。

また、もし、アフガニスタンにイスラム原理主義の思想を持った政権が成立すれば、パキスタンがインドと対峙するに当たっても、「イスラム教（パキスタン、アフガニスタン）対ヒンズー教（インド）」という図式を描き、同胞のイスラム教徒であるパキスタンを支援しようという動きになることを期待できるようになる、と考えられた。そうしたことから、パキスタンは、パシュトゥン人中心であり、しかも、イスラム原理主義を標榜するグルブディン・ヘクマティアルが率いるイスラム党（ヒズビ・イスラム）、後にはタリバンを全面支援するようになった。

タリバンへの兵士の補給

タリバンはパキスタンから物質的な支援等を受けていたが、そうした支援の中でも重要であったのが、タリバン兵士の供給であった。

タリバンが支配地域を拡大するにつれ、必然的に兵力も増強する必要があった。また、タリバンの全土制圧に向けた戦闘を詳細に見ると、必ずしも、連戦連勝というわけではなく、多くの兵を失ったため、それを補い、態勢の立て直しをしなければならないこともあった。

タリバンがカンダハルに現れ、南部を制圧し、一九九六年に首都カブールを制圧するまでは、比較的調子が良かった。これは、一つには、カブールを除き、タリバンが制圧したのは、基本的にはパシュトゥン人が多数居住する地域であり、タリバンに寝返る軍閥、タリバンを歓迎する住民が比較的多かったからである。

カブールを陥落させた後、少数民族が多数を占める北部等の制圧に乗り出したが、これはそれまでのように簡単ではなかった。すでに述べたように、一九九七年にマザリシャリフを一時的に制圧したときには、タリバンが地理に不案内であったこともあり、住民の反乱にあい、タリバン兵の多くが虐殺されてしまった。そうしたときに、態勢の立て直しのため、パキスタンのマドラサから多くの神学生が「ボランティア」としてタリバンに参戦した。

2 米国――タリバン寄りから対決へ

タリバン寄りの姿勢

アフガニスタンの近隣に位置する中央アジアのカスピ海地域は未開発の石油・天然ガスが眠っており、そのエネルギーをめぐる各国の思惑がアフガニスタンの内戦に微妙な影響を与えていた。

タリバンが現れた頃、ユノカルという米国の石油会社はトルクメニスタンからアフガニスタンを経由しパキスタンに至る石油・天然ガス・パイプラインの建設を計画していた。米国政府は、ロシアやイランを避けるこのパイプライン建設計画を支持した。この計画が実現するためには、アフガニスタンの安定が必要条件であり、クリントン政権はタリバンによるアフガニスタンの支配、安定を期待した。そのため、米国は当初、タリバンに対する態度を必ずしも明確にしていなかったものの、どちらかといえば好意的な反応を示していた。パイプライン問題に加え、イランに対抗する勢力がイランの隣国に出現することにも期待した。

タリバンがカブールを制圧した一九九六年九月二七日、米国務省のデイヴィス報道官は、タリバン支配地域での厳格なイスラム法の適用、とりわけ女性に対する制限について聞かれた際、「タリバンが支配地域でイスラム法を適用していることは承知している。しかし、今の段階では、反対すべきようなことは何もない」と答え、米国政府として特段、問題視するつもりがないことを明らかにしている。

さらに、ナジブラ元大統領の処刑について問われると、「ナジブラ元大統領の死は遺憾（regret）である」と答えた。この報道官の言い方では、そもそもナジブラ元大統領が殺されたのかどうかさえも明確にしていない。ただ、「死」が残念だと言っているだけである。殺害の行為者も特定しておらず、「タリバンが殺した、処刑した、散々に死体に乱暴した」というのは不問にしているようである。

そして、「遺憾（regret）」という表現は、「非難する（condemn）」という表現よりずっと弱い。それに加えて、報道官は、タリバンが秩序と治安を回復すること、および、国民和解プロセスを開始する、各民族の代表から構成される暫定政府を樹立することへの期待（「懸念」ではない）を表明している。

米国としては、軍閥たちが果てしなく内戦を続けるより、タリバンが秩序を回復してくれたほうがマシだ、ということであった。この辺のニュアンスから当時の米政府のタリバン寄りの姿勢が窺われる。

タリバンの人権侵害に対する批判

タリバンが首都カブールを制圧すると、タリバン支配の実態が徐々に世界に知られるようになってきた。タリバンのさまざまな規制のなかでも、とりわけ女性の扱いに国際的な非難が集まるようになってきた。

米国の女性団体もタリバンによる女性の扱いを問題視し、アフガニスタンでの女性に対する「アパルトヘイト」をやめさせるよう、強力なロビー活動を行うようになったため、米国政府もタリバンに批判的な態度をとらざるを得なくなってきた。

一九九七年一一月、オルブライト国務長官はパキスタン国内のアフガン難民キャンプを訪問したが、それに先立ち、イスラマバードでマスコミに対し、「我々はタリバンに反対する。我々は、時代に逆行するような、タリバンの人権の扱い、女性と子供に対する卑劣な扱い、人間の尊厳への敬意の欠如に反対する」と述べ、それまでにない厳しい調子でタリバン批判を行っていた。米国はそれまでのあいまいな態度から脱却し、明確にタリバンに反対する立場を取るようになった。

ケニア、タンザニアのテロ事件

一九九八年八月七日、ケニアとタンザニアの米国大使館を標的としたアル・カーイダによるテロ事件が発生し、合計二二〇人以上が死亡し、四五〇〇人以上が負傷した。この事件をきっかけにして、米国のテロに対する関心が一気に高まり、ウサマ・ビン・ラディンが脚光を浴び、彼を匿っているタリバンに注目が集まるようになった。

米国にとっては、タリバンとの関係では、人権の問題より、むしろテロが最重要の課題となった。タリバンは少なくとも二〇〇一年に米軍の軍事作戦により政権が崩壊するまでは、一貫してテロを非難しており、ウサマ・ビン・ラディンであれ誰であれ、アフガニスタンからテロ攻撃をすることは認めないと言っていた。米国がテロを深刻な問題と認識するようになるにつれ、ビン・ラディンらは徐々にタリバンにとって「お荷物」となっていった。それは、9・11同時多発テロ事件でクライマックスを迎えることになる。

クリントン大統領は、九八年八月二〇日、このケニア、タンザニアのテロ事件の報復として数十発の巡航ミサイル（トマホーク・ミサイル）をアフガニスタンにある「テロ訓練施設」に向け、打ち込んだ。同時に、スーダンの化学工場疑惑施設等にもミサイル攻撃を行った。

米国のミサイル攻撃にもかかわらず、タリバンは、ウサマ・ビン・ラディンのテロ事件への関与を否定、同人の仕業であることを示す証拠の提示を要求、同人の引渡しを拒否した。タリバンは、三年後の9・11同時多発テロ事件でも、全く同じ反応をすることになる。

タリバンとしては、もともとアフガン人、特にパシュトゥン人の「客人歓待」の伝統があることに加えて、ウサマ・ビン・ラディンから資金的にも支援を得ており、しかも、ビン・ラディンは対ソ連聖戦で活躍した英雄であるため、同人が犯した犯罪の証拠も示されることなく、引き渡す、あるいは、国外に退去させることは、とても応じることができない要求であった。

3　イランとの緊張

マザリシャリフ攻防の中で

先に述べた一九九八年八月のマザリシャリフ攻防戦のなかで、タリバンの一部の部隊は、マザリシャリフに置かれていたイランの領事館に侵入し、イラン人外交官を殺害してしまった。タリバンが初めのうちは殺害を認めなかったため、怒ったイランはアフガニスタンとの国境付近に演習と称して、大軍を集結させた。タリバンもそれに対抗して、兵を国境付近に派遣した。

もともと、イランはシーア派、タリバンはスンニ派原理主義であり、両者は対極に位置していた。そのため、イランはタリバンと敵対している北部同盟を支援していた。タリバンは首都カブールを制圧し、さらにマザリシャリフやバーミヤンなど北部、中央部にも勢力を拡大し、全土を制圧しそうな勢いであり、イランの不安が高まっていた。その上、外交官を殺されて、タリバンに「知らない」などと、とぼけられたのであるから、イランが激高したのもやむを得なかった。

やがてタリバンは、一部の兵士が命令によらず、「勝手に」イラン外交官八名及びジャーナリスト一名（タリバンはこれら九名は北部同盟側の軍事顧問であったと主張）を殺害したことを認め、関係者を処分することを発表したが、他にもイラン人がタリバンの人質になっていることなどからイランは納得せず、二〇万人もの大軍を国境付近に送った。それに対抗して、イランとの国境付近に展開したタリバン軍は推定一万人程度であった。

危機の回避

一九九八年一〇月、ラフダル・ブラヒミ国連特使がタリバンとイランの間の戦争回避のため派遣され、両者を仲介することとなった。ブラヒミ特使は、オマル・タリバン最高指導者とも直談判して、タリバンが北部同盟の軍事アドバイザーだと主張し、拘束していたイラン人（イラン側は、トラック運転手と主張）をタリバンが解放することなどに同意し、危機が回避されることとなった。このようにイランは矛を収めたが、北部同盟への支援という間接的な形で、タリバンとの戦闘を継続した。

なお、イランは対立するサウジアラビアがタリバンを支援することにより、イラン包囲網を築こうとしていることを懸念していたが、サウジアラビアは、イランとタリバンの関係が緊迫するさなかの一九九八年九月に、在サウジアラビアのアフガニスタン臨時代理大使の国外退去を求め、なおかつ自国の在アフガニスタン臨時代理大使を召還させることにより、事実上、タリバンと断交した。

サウジアラビア政府はこの決定を「サウジアラビアの国益のため」としており、詳細な理由を発表していないが、その前月に起きたケニア、タンザニアでの大規模なテロ事件の首謀者とされたサウジアラビア出身のウサマ・ビン・ラディン（ただし、一九九四年にサウジアラビアはビン・ラディンの国籍を剥奪）の扱いをめぐる対立が原因とされている。

4　国連安保理決議などによるタリバン制裁

一九九八年一二月決議

アフガニスタン問題はたびたび国連で議論されていたが、ケニア、タンザニアでのテロ事件をきっかけにして、アフガニスタン問題の深刻さが改めて認識され、それまで以上に国連を通じた和平努力に期待が寄せられた。アフガン内戦の当事者の中でもタリバンは軍事的に優勢であったこともあり、なかなか和平や仲介に向けての努力には前向きに応じることはなく、様々な和平に向けての努力は実を結ぶことがなかった。

一九九八年一二月八日、アフガニスタン情勢を憂慮した国連安全保障理事会は決議一二一四号を採択し、他の内戦当事者とともに、タリバンに対し戦闘をやめ、国連の下での和平に向けた交渉に参加するように要求した。この安保理決議は、その約四ヵ月前に起きたアフリカでのテロ事件などを念頭に、タリバンに対し、テロリストやテロ組織に対し聖域や訓練を与えることをやめるように要求した。

タリバンは国連安保理決議に応じず、米国のウサマ・ビン・ラディン引渡し要求も拒否したので、一九九九年七月、米国はタリバンに更なる圧力を加えるため、米国単独でタリバンに対する制裁措置を発表した。この制裁措置は、米国内のすべてのタリバンの資産を凍結し、米国企業がタリバンとの間で貿易などの取引を行うことを禁止することなどを内容としている。

一九九九年一〇月決議

タリバンは国連安保理決議一二一四号や米国による制裁にもかかわらずウサマ・ビン・ラディンを引き渡さなかったため、一九九九年一〇月一五日、前回の安保理決議よりはるかに厳しい内容の安保理決議一二六七号が採択された。この安保理決議は、米国がロシアと密接に協力し提案したものである。米国とロシアは意見が対立することがしばしばであるが、タリバンと敵対するという点では両国の立場が一致した。

ロシアはタリバンのイスラム原理主義の思想が隣接するイスラム教国（タジキスタン、ウズベキスタンなど）に波及し、地域が不安定になることを恐れ、タリバンと敵対する北部同盟を支援していた。また当時、ロシアは分離独立をめざすチェチェンの武装勢力によるテロ攻撃に悩んでおり、そうしたチェチェン武装勢力を支援するタリバンを警戒していた。このような事情から、米露両国は「反タリバン」という共通の立場に立ち、連携するようになった。

この新しい国連安保理決議では、タリバンに対しウサマ・ビン・ラディンの引渡しを要求し、もし、タリバンが一ヵ月後の一一月一四日までに引き渡さなかった場合には、タリバンの航空機の離陸等の原則禁止やタリバン資産の凍結といった制裁を課す内容であった。

タリバンはこの安保理決議にも反発し、ウサマ・ビン・ラディンを引き渡さないことを言明した。そのため、制裁措置は決議どおり、一ヵ月後に発動された。

二〇〇〇年一二月決議

二〇〇〇年一〇月には、アル・カーイダにより、イエメン南部のアデン港に停泊中の米国海軍駆逐艦コール号に対する小型船を用いた自爆テロが実行され、米兵一七名が死亡、三九名が負傷した。タリバンはウサマ・ビン・ラディンの関与を否定し、もし関与していると言うなら証拠を示すように要求したが、米国は事件の一ヵ月ほど後には、このテロ事件はアル・カーイダの仕業であると確信を持ったようであり、タリバンへの圧力は強まる一方であった。

タリバンにとっては状況が厳しくなる中、前回の国連安保理決議同様、米国とロシアが主導して、タリバンへの制裁をさらに強化した決議が提出され、二〇〇〇年一二月一九日採択された。

この決議一三三三号は、それまでの決議同様、ウサマ・ビン・ラディンの引き渡しなどを求めているが、それに加え、タリバンへの武器提供などの軍事支援の禁止、タリバン大使館のスタッフの縮小、ウサマ・ビン・ラディンの金融資産の凍結、タリバンの航空機の離着陸の拒否、タリバン高官の入国制限など広範囲にわたる制裁を課している。またこの決議では、タリバンの軍事顧問などを務める軍関係者や政府関係者を引き上げることを各国に求めているが、これは名指しはしないものの、パキスタンを念頭に置いていることは明らかであった。

この決議では、タリバンへの軍事支援は禁止する一方で、北部同盟については適用しないこととなっているが、内戦の一方の当事者にだけ制裁を課すことは、内戦に介入するようなことであり、異例のことであった。北部同盟の軍閥たちは、タリバンが現れる前には国を荒廃させ、人権を無視するなどひどいことばかりしてきたので、ほめられたものではないが、今や、テロリストを匿うタリバンが悪者であり、それと戦う北部同盟については好意的に見られるようになった。

5　態度を硬化させたタリバン

バーミヤンの大仏破壊

二〇〇一年二月、タリバンの最高指導者オマル師はバーミヤンにある巨大な仏像を含むすべての像の破壊を命じた。イスラム教は偶像崇拝を禁止しており、像の存在はイスラムの教義に反するというのが理由であった。

バーミヤンには世界的に有名な二体の仏像が存在していた。高さは西大仏が五五メートル、東大仏が三八メートルという世界最大級の立像であり、世界的に貴重な文化遺産であった。これは断崖を掘り刻んで仏像にしたものであり、それ故、石でできていた。この仏像がいつ作られたのか、よくわかっていないが、三世紀から六世紀ごろのことではないかと言われている。*七世紀の唐の時代、西遊記の三蔵法師のモデルとして知られる中国の玄奘三蔵はバーミヤンを訪れており、その時に目にした石仏の様子を『大唐西域記』に記しているので、その時代には、石仏が完成していたことになる。今はアフガニスタンはイスラム教の国であるが、昔、この地域で仏教文化が栄えていたことを示していた。

＊　二〇〇四年一二月一九日付の各紙報道によれば、日本で開催されたバーミヤン遺跡の保存のための国際会議で、放射性炭素年代測定法で分析を行ったドイツチームは、東大仏が紀元五〇七±一二年、西大仏が五五一±一五年に築造されたという報告を行った。

大仏が爆破されたあとの石窟（バーミヤン、2003 年 8 月）

このような貴重な文化遺産が破壊されてしまうということで、仏教関係者をはじめとして世界中で大騒ぎになった。タリバンに対する強い非難の嵐が巻き起こるとともに大仏は破壊しないでほしいという要請が出された。オマル師はそうした抗議を意に介する様子もなく、「石を壊すだけなのに何が悪いのか」と開き直っていた。

仏像は頑丈な石でできていたため簡単には破壊できなかったようであるが、三月にはタリバンはダイナマイトなど大量の爆薬を用いて仏像を完全に破壊してしまった。

こうした国際社会の声を無視したタリバンの振る舞いは、タリバンが国際的な孤立を深めるにつれ、国際社会に歩み寄るのではなく、より一層、態度を硬化させ、イスラム原理主義的な考えを推し進めるようになってきたことを示した。大仏破壊の二年前にはオマル師は大仏保護を命じていたのであり、タリバンは態度を一変させたことになる。国連安保理決議など国際社会がタリバンに対し厳しい態度をとるにつれ、タリバンの内部で、徐々に国際社会との妥協を模索する穏健派より強硬派が勢いを増しつつあることを暗示していた。

非イスラム教徒に対する識別章の着用義務付け

二〇〇一年五月、タリバンはアフガニスタンの非イスラム教徒に対し衣服に黄色の識別章を着用することを義務付ける布告を発出した。これはナチス・ドイツがユダヤ人に対し黄色のダビデの星の識別章を胸につけるよう義務付け、迫害したことを彷彿させることであり、直ちに宗教関係者やいくつかの政府からの批判を招いた。

アフガニスタンはイスラム教の国であり、非イスラム教徒の数は多くない。最大は、ヒンズー教徒であるが、その数は五〇〇人程度と推測されている。このタリバンの布告は事実上、ヒンズー教徒を対象にしたものであると受け止められ、インド政府はタリバンを批判した。

この布告が出されて一週間ほど後には、タリバンは、ヒンズー教徒に識別章の着用を義務付けたという事実を否定し、たんに身分証明書を携帯することを求めただけであると釈明した。そして、この規則はヒンズー教徒たちが、髭をはやさない、あるいは、モスクに礼拝に行かないという理由で宗教警察に咎められるのを避けるために、自ら求めたものであると説明した。タリバンはナチスがユダヤ教徒に識別章の着用を義務付けたということは何も知らなかった、非イスラム教徒を差別する意図はなかったとも付け加えた。

NGO職員の拘束

二〇〇一年八月、シェルター・ナウ・インターナショナル（Shelter Now International）というドイツに本部を置くNGO団体の職員二四名がタリバンに拘束された。そのうち、一六名がアフガニスタン人、八名が外国人で、外国人のうち、四名がドイツ人、残りは米国人と豪州人がそれぞれ二名ずつであった。

彼らにはイスラム教徒をキリスト教に改宗させる活動を行っていたという嫌疑がかけられた。アフガニスタンでは改宗活動の最高刑は死刑であり、外国人の場合には国外退去であった。このNGOはキリスト教系の団体であったが、改宗活動は行っておらずアフガニスタン人への人道支援を行っていただけであると反論した。

タリバンの言い分では、イスラム教徒が棄教する、あるいは他の宗教に改宗すれば死をもって罰せられるというのは、イスラム教が誕生した初期のころから確立していた原則であり、何もタリバンが作った特別な規則ではない、従って、批判を受けるようなことではない、ということであった。

シェルター・ナウ・インターナショナルは長年にわたり、アフガニスタンやパキスタンのアフガン難民キャンプで人道援助活動を行っており、突然、タリバンが嫌疑をかけて職員を拘束したというのは関係者にとって大きな衝撃であった。タリバンが国際社会の声を無視し挑発的な態度をとるようになったためであると受け止められた。

この拘束事件の約一ヵ月後には、9・11米国同時多発テロ事件が生じ、さらにその約一ヵ月後には米軍などによる軍事行動が開始された。米軍の軍事作戦が進行している最中の一一月に拘束されていた外国人八名全員が米軍により救出された。

第4章　タリバン政権の崩壊

1　9・11テロ事件とタリバン

9・11テロ事件と米国、タリバンの反応

前章で見たとおり、タリバンはテロ、人権、麻薬問題などにより国際的な批判を受け、国連の制裁措置も発動されるようになると、いよいよ国際的に孤立を深めるようになってきた。そうした状況の中で、二〇〇一年九月に9・11米国同時多発テロ事件が発生した。

この事件の発生直後、タリバンの最高指導者ムラー・オマルは、報道官を通じ、このテロ事件を非難するとともに、この事件はウサマ・ビン・ラディンの仕業ではない、という声明を出した。

ウサマ・ビン・ラディン自身は、9・11テロ事件の約一ヵ月後、米軍が軍事行動を開始したのと同じ日に同人のビデオ・メッセージが放映され、その中で、米国を批判し、9・11テロ実行犯を賞賛し、このテロ事件は神様の「ばち」が米国にあたったものである、等々述べている（ビン・ラディンは二〇〇六年五月には自分が9・11事件を命令した責任者だと認めている）。このビン・ラディンの反応

とオマル師による9・11テロ事件批判の反応は対照的である。しかしながら、米国は両者を一体とみなし、アフガニスタンへの軍事攻撃を開始することとなる。

米国は9・11事件直後から、ウサマ・ビン・ラディンの関与を断定し、タリバンに対し、同人の引渡しを要求した。タリバンは「9・11テロ事件がウサマ・ビン・ラディンの仕業であるという証拠を出せ。証拠があればアフガニスタンの法廷で裁く」と答えた。このようなタリバンの反応はそれまでのテロ事件と変わるところはなかった。

米国はさらに、タリバンが要求に応じなければ、これまでのケニア、タンザニアでのテロ事件やイエメンでの米海軍駆逐艦コール号テロ事件などとは異なり、タリバン政権排除に向けた軍事行動を起こすことを示唆したが、当時、タリバン及びウサマ・ビン・ラディンらのアル・カーイダは米国が軍事行動を起こしても、受けて立つという強気の姿勢を見せた。彼らは、ソ連軍がアフガニスタンに侵攻し、大きな損害を蒙った後、結局、惨めな撤退を余儀なくされたという歴史があったため、軍事超大国である米国が攻撃をしかけても、ソ連軍と同様に泥沼にはまり、苦戦するだろうと考えていた。

9・11テロ事件の二日前に、北部同盟の軍事面での最高指導者であるアハマド・シャー・マスードがアル・カーイダにより暗殺されていたため、タリバンは、内戦上の敵である北部同盟については、もはや、たいした軍事的な脅威とはならないであろうと見ていた。

ソ連軍のアフガニスタン侵攻では世界中のイスラム教徒からムジャヒディンへの支援が届いた。米国も全面的にムジャヒディンによるソ連との戦いを支援した。しかし、9・11テロ事件については、米国への同情から、国際社会は米国の対テロ戦争を支持していた。ロシアも米国を支持した。前章で見たとおり、９・11事件の前から、米国とロシアは「反タリバン」という立場で一致していた。

タリバンはこうした自らを取り巻く国際情勢を正確に認識することはできなかった。大英帝国、そしてソ連を敗退させた歴史が米国に対しても繰り返されるに違いない、と考えていた。

パキスタンによるタリバン説得

９・11事件の数日後にパキスタン政府は軍統合情報局（ＩＳＩ）長官をタリバンのオマル師のもとに派遣し、ウサマ・ビン・ラディンを引き渡すように説得した。パキスタンにとっては、タリバンがおとなしくビン・ラディンを引き渡すなど米国の要求に従うことによって、米国による軍事行動を避け、アフガニスタンの支配者であり続けることが望ましいことであった。しかし、タリバンはパキスタンの説得を拒否した。

タリバンの初期の頃は、パキスタンが武器提供、兵士のリクルート、訓練、戦術的なアドバイスなど様々な点でタリバンを全面的に支援し、サウジアラビアも資金面などで支援していた。しかし、やがてタリバンとアル・カーイダとの連携が強化されると、タリバンは必ずしもパキスタンやサウジアラビアの支援に頼る必要がなくなり、そうした国の言うことはあまり聞かなくなっていった。タリバンがＩＳＩ長官の説得を拒否したのもそうした両者の関係の変化を反映していた。

米国による最後通牒

二〇〇一年九月二〇日、ブッシュ大統領は米国議会における演説でタリバンへの具体的な要求を明らかにした。

「米国はタリバンに以下を要求する。アフガニスタンに潜伏するすべてのアル・カーイダ指導者を米国当局に引き渡すこと。タリバンが不当に投獄した外国人すべてを釈放すること。……すべてのテロ訓練キャンプを直ちに閉鎖し、すべてのテロリストを引き渡すこと。それを確認するため、米国に訓練キャンプへの完全なアクセスを認めること。この要求に交渉や議論の余地はない。タリバンは直ちに行動を取らなければならない。テロリストを引き渡さなければ、タリバンはテロリストと同じ運命をたどることになる。」

タリバンは直ちに米国の要求を拒否した。パキスタンに駐在するタリバンの「大使」であるムラー・ザイーフは記者会見で「これはタリバンの最終決定である。大英帝国やソ連はアフガニスタンに侵入し大火傷を蒙った。我々は戦う用意ができている」と言い放った。

2　軍事行動の進展とタリバン崩壊

たった二ヵ月で

タリバンが米国によるウサマ・ビン・ラディンらのテロリスト引渡し要求を拒否したため、一〇月七日に米国の軍事行動が開始された。これは9・11テロ事件を受けた個別的及び集団的自衛権の行使としてとられた軍事行動である。米国がテロリストからさらに攻撃を受けることを阻止するためにテロ掃討作戦などの行動をとる必要があるという理屈である。米国はこの作戦を「不朽の自由作戦」

（Operation Enduring Freedom, OEF）と名付けた。

いざ軍事行動が開始されると、大方の予想に大きく反し、タリバンの崩壊は早く、あっけなかった。戦闘開始の約一ヵ月後の一一月九日には北部の主要都市であるマザリシャリフがタリバンから解放された。続いて、ヘラートが解放され、一一月一三日には首都カブールも解放された。

一一月二六日には、タリバンが立て籠もって抵抗を続けていた北部のクンドゥズが北部同盟に制圧された。軍事行動開始からちょうど二ヵ月後の一二月七日には、タリバンは本拠地であるカンダハルも放棄し、タリバン政権は完全に崩壊した。

しかしながら、目標とするウサマ・ビン・ラディンやアル・カーイダのナンバー2とされるアイマン・アル・ザワーヒリー、あるいはタリバン最高指導者であるオマル師などは拘束されておらず、テロ掃討作戦である「不朽の自由作戦」（ＯＥＦ）は米軍を中心に現在も継続している。二〇〇八年はじめの時点で、ＯＥＦには約一万の兵士を参加させている米国を中心に、二〇弱の国が参加している。兵士たちの犠牲も増え続けている。二〇〇八年七月時点でアフガニスタンにおける米軍兵士の死者数は五〇〇名を越えている。

なお、米国は単独でタリバンを攻撃したのではない。タリバンと対峙していた北部同盟と同盟を組んでタリバンへの攻撃を行った。その理由は、第一に、北部同盟が何年にもわたるタリバンとの戦いからタリバンを取り巻く軍事情勢についての知識や情報を持っており、米軍が不慣れな地に介入するにあたって、そうした情報が重要であるという軍事上の必要性があったからである。

さらに、アフガニスタンへの米国の介入が決してアフガニスタンという国家、アフガニスタン国民あるいはイスラムとの戦いではなく、あくまでテロ、そしてテロ事件の首謀者ウサマ・ビン・ラディンとの戦いである、ということを印象づけたいという意図からであった。

タリバン崩壊の背景

9・11事件発生当時、タリバンはアフガニスタンの大部分を支配するまでになっていたが、タリバンは決して一枚岩であったわけではない。タリバンを創設した、パキスタンのマドラサ出身の神学生たちを核とし、様々な勢力がタリバンに参加していた。タリバンが南部で勢力を拡大しつつあった時期には、南部のパシュトゥン人の軍閥、ムジャヒディンたちがタリバンに参加した。タリバンの支配地域が拡大するにつれ、強制的な徴兵によりタリバン兵士になったものもいれば、他民族を含めタリバンに参加する勢力が増えてきた。アル・カーイダなどの外国人兵士たちも加わった。

アフガニスタンは長い間、戦乱を経験しており、アフガン人は機を見るに聡く、「勝ち馬」に乗るのが上手である。戦況に応じて、巧みに立場を変え、有利な側に忠誠を誓う。

タリバンの核となった神学生たちや南部のパシュトゥン人たちの一部を除けば、タリバンが勢いをつけ、アフガニスタンの新たな支配者になりつつあるという流れを見て、乗り遅れないようにタリバンに参加したものが大部分である。タリバンが短期間でアフガニスタンの大部分を支配するに至った一つの理由は、アフガン人たちの「勝ち馬」に乗る気質があった。

そのように後から加わった者たちは、タリバンのイスラム原理主義のイデオロギーに心底、共鳴しているわけではない。もし、タリバンの状況が悪くなれば、簡単にタリバンを離れる用意があった。もっと悪いことには、たんにタリバンから離脱するだけではなく、タリバンの敵側に寝返り、タリバン攻撃の急先鋒になる軍閥も現れた。

ちょうどタリバン運動発生後に、タリバンが急速に大きな勢力になったのと逆の現象が9・11後の米国等による軍事行動の直後に起きた。タリバンが彗星のごとく現れ、勢いを増していく際には、「求心力」が働き、次々と様々な集団がタリバンに参加した。しかし、米軍の攻撃を受け、敗走し始めると、逆に「遠心力」が強く働いた。

戦闘開始直後は、帰趨が見えなかったが、米国が本格的な空爆を始め、クラスター爆弾など破壊的な兵器を使用し始めると、タリバンはなすすべもなかった。形勢不利と見た、タリバンの「核」ではないタリバン兵士たちの多くが、タリバンを見捨てた。彼らはタリバンと運命を共にするつもりはなかった。これが、タリバン政権のあっけない崩壊の理由である。

国際治安支援部隊の設立

「不朽の自由作戦」(OEF)が開始されて一ヵ月あまり経った一一月一三日に北部同盟軍が首都カブールを制圧し、タリバン政権崩壊が確実になるにつれ、アフガニスタンの秩序、治安をどのように守るべきかが重要な課題として浮上した。理想的にはアフガニスタン人からなる治安維持部隊を創設することが望ましいが、短期間でそのような部隊を設立することは非現実的であった。

従って、何らかの国際的な部隊を展開する必要があるが、国連平和維持部隊(伝統的なPKO)の派遣は得策ではなかった。部隊派遣まで時間がかかることに加え、現地の紛争当事者による休戦協定や政治的合意が欠如している中で治安維持部隊を派遣すれば、戦闘に巻き込まれる恐れが多分にあった。それは、国連平和維持部隊に期待すべき役割ではなかった。残された選択肢は多国籍軍による治安維持である。これが「国際治安支援部隊」(International Security Assistance Force, ISAF)の原点である。

アフガニスタンの内戦を終結させた二〇〇一年一二月のボン合意によれば、ボン合意参加者は国連安全保障理事会に対し国連のマンデートの下にある部隊をアフガニスタンに展開することを承認することを検討することを要請する、この部隊はカブール及びその周辺地域の治安維持を支援する、この部隊は、適当であれば、他の地域に拡大し得る、ということであった。

このボン合意に基づき二〇〇一年一二月二〇日に採択されたのが、国連安保理決議第一三八六号である。この決議により、「国際治安支援部隊」(ISAF)が設立された。このような成り立ちを見てもわかるが、OEFはまさにテロとの戦いを行うが、ISAFは決してアル・カーイダといったテロリスト集団を掃討するための部隊ではない。アフガニスタンで警察などの治安機関が育ち、治安維持の任務を果たせるようになるまでの間、暫定的に、犯罪集団、盗賊など治安を乱す者からカブールの治安を守ろう、という部隊である。決議一三八六号は、「カブール及びその周辺地域での治安維持においてアフガニスタン暫定機構を支援するためにISAFを設立する」としている。しかしながら、テロ掃討作戦が当初の予想以上に長期化することが明らかになり、タリバンなどの反政府集団も勢力の回復傾向を見せるにつれ、ISAFにもともと期待されていた警察的役割とテロ掃討との境があいまいになりつつある。

ＩＳＡＦは二〇〇三年一〇月一三日に採択された安保理決議一五一〇号により、そのマンデート（権限付与）が、カブール及びその周辺の外における治安維持にまで拡大された。この決議に基づき、ＩＳＡＦは、二〇〇四年から北部を皮切りに、二〇〇五年に西部、二〇〇六年七月に南部、二〇〇六年一〇月に東部へと全国展開を行った。

第Ⅱ部

タリバン復活と政府の統治機能の欠如

カンダハルの街角（2002年12月）

第5章　タリバン復活

1　忍び寄るタリバンの影

二〇〇一年一〇月に始まった米軍等によるテロ掃討作戦（「不朽の自由作戦」ＯＥＦ）でタリバン政権が崩壊し、ボン合意に基づいてアフガニスタンに新たな政府が樹立された。長い内戦が終わり、ようやく平和が訪れ、人々は希望に満ち溢れていた。女たちは安心して外での買い物を楽しみ、男は長く伸ばしていたひげを短くした。人々の心の中ではタリバンはすでに過去のものとなっており、当時はタリバンがアフガニスタンに戻ることは考えられないことであった。

しかし、徐々にタリバンが勢力を回復し、テロ攻撃を活発化させるようになり、タリバンの影響がアフガニスタン全体に感じられるようになっていった。

タリバンが復活してくる背景には、タリバン自身がパキスタンのアフガニスタンとの国境地域で態勢を建て直したという事実に加え、タリバンと対峙するアフガニスタン政府の再建が遅れ、統治機構や治安機関が不十分であり、アフガニスタン国内でしっかりした支配を及ぼすことができないことがある。そのため経済の復興も進まず、人々の生活が向上しないため、特に南部のパシュトゥン人が不満を持ち、そこにタリバンが付け入り、ますます南部が不安定になるという悪循環に陥っている。

これに対し、連合軍はテロ掃討作戦を強化し、また、カルザイ政権も復興を進め、タリバンへの対話を呼びかけるなど、手を打っているが、なかなかタリバンを押さえ込むには至っていない。

米軍がアフガニスタンで軍事攻撃を開始した二ヵ月後の二〇〇一年一二月には、タリバンはアフガニスタンから消え去った。代わりにハーミド・カルザイを首班とする新政権が発足し、アフガニスタンは新たなスタートを切ることができた。多くの人々はタリバンによる恐怖政治、人権蹂躙、抑圧といったことは過去のこととして忘れようとしていた。しかしながら、タリバン崩壊の歓喜がまだ覚めやらぬ二〇〇二年前半にはすでにタリバンの不穏な「影」が忍び寄っていた。

2 タリバンからの「夜の手紙」

タリバンの根城であったアフガニスタン南部や東部ではタリバンが逃げ去ってからしばらくすると、タリバンからのメッセージが届くようになった。メッセージの内容は「不信心者に対してジハード（聖戦）が宣言された」「米軍に対する新たなジハードに立ち上がれ。今やすべてのアフガン人が米国に対抗するために団結しなければならない」「米軍に協力するアフガン人は厳しい罰を受けるであろう」といった内容である。末尾にはたいてい「タリバン」という署名が記されていた。

アフガニスタンの田舎では新聞、テレビ、ラジオもなく、世の中で何が起きているのかわからない者も多い。タリバンのメッセージは唯一と言わないまでも、何が起きているかを知る主要な手立てであったりする。そうしたメッセージを人々が受け取ると、今や本当に米国や西側諸国がイスラム世界を支配しようとしており、かつてソ連のアフガニスタン侵攻の際にアフガニスタン人がジハードに立ち上がったのと同じように、イスラム教徒は立ち上がる義務があると感じる者もいた。

アフガニスタンはソ連侵攻に限らず、外国勢力が支配を試み、それに対してアフガニスタン人が抵抗し跳ね返してきた、という歴史を繰り返してきた。そうした「外国嫌い」あるいは「外国勢力への抵抗」がＤＮＡに組み込まれているアフガニスタン人にとっては、米軍をはじめとした連合軍に立ち向かえというタリバンのメッセージは心に響いた。

そうしたメッセージは「シャブナマ」（文字通りには、「夜の手紙」の意）で伝えられた。夜に何者かによりこっそり自宅や礼拝所（モスク）などの公共の場所にも届けられた。「夜の手紙」というと、「ラブレター」のような響きがあるが、送られてくる内容は正反対に「脅迫」のようなものが多い。タリバンは住民を恐怖に陥れることにより住民たちからの協力を得る手段として「夜の手紙」を頻繁に用いた。そして、これは非常に効果的な作戦であった。

伝統的な手法

この「シャブナマ」（夜の手紙）はタリバンがはじめたことではない。アフガニスタンでは、伝統的に人々を何らかの政治的目的に奮い立たせる、あるいは、国家権力に反抗して立ち上がらせたりする際に、「シャブナマ」が使用されてきた。例えば、かつて、一九七〇年代に学生運動が盛んであった当時にも体制批判の手段として「シャブナマ」が使われた。その際、「シャブナマ」の配布は夜に限られなかった。日本で言えば、政治ビラを配るような感覚であろう。

一九八〇年代にソ連およびそのカブールの傀儡政権に対しムジャヒディンたちが立ち上がったときにも「シャブナマ」(夜の手紙)は使われた。人々を対ソ戦に協力させるにあたり、これは大きな効果を発揮した。多くの人々は、「夜の手紙」の効果もあって、結局、ソ連軍は撤退に追い込まれたことを記憶している。「それならば早めにタリバンに協力したほうが良いのでは」と考えるようになる者が現れるようになってきた。

タリバンは「夜の手紙」により、さまざまな内容のメッセージを人々に送った。

「反米、反政府に立ち上がれ」「外国兵士、援助関係者、ジャーナリストを拘束あるいは殺害したら一〇万ドルの報酬を与える」というように人々を反米、反政府的態度をとることを慫慂するようなものもあれば、「外国軍や米国の傀儡であるカルザイ政権に協力するものには罰を与える(殺す)」というように人々を脅迫するものも多く見られた。

「夜の手紙」は不特定多数へのビラのようなものもあるが、特定の人物を名指しの上、特定の行為(例えば、「米軍への協力をやめろ」「女子への教育をやめろ」「警察官を辞めろ」)を求めることもあった。実際にタリバンが近所をうろついていなくても、手紙を受け取っただけで、人々はタリバンが近くにいて、自分たちの行動を監視しているように感じた。人々は、手紙によりタリバンの恐怖を肌で感じ、従わないと、何をされるかわからない、という気持ちになった。

十分な威嚇効果

現に、そうした脅迫を無視した人物がタリバンに殺されることがあったが、その際には、しばしば、実に無残な殺され方をした。耳や鼻がそぎ落とされ、喉をかき切られる、あるいは斬首されるなど、内戦で様々な死を見てきたアフガン人たちも驚愕し目を背けざるを得ないものであった。それは威嚇効果が十分にあった。

アフガニスタンは長年にわたる内戦のため郵便制度は発達していない。ということは、「夜の手紙」は、それを送りつけた脅迫者が適当に切手を貼ってポストに投函したのではなく、自宅にやってきた、ということを意味している。従って、「夜の手紙」には暗に、「その気になればいつでもお前を殺すことができる」という意味が込められていた。人々はこうした「手紙」を受け取ると、なかなか無視することはできなかった。

「夜の手紙」には、しばしば「いずれ現政権は倒れ、我々（タリバン）が政権をとる」と書かれていた。住民の中には、外国軍が永久にアフガニスタンに駐留し続けるはずがなく、いずれは去り、現政権が倒れ、タリバンの時代になるかもしれない、と思う者もいた。タリバンは、協力的であったのは誰か、そうではないのは誰であるか、ということを記憶しているであろう、と人々は感じた。

アフガニスタンという部族社会では、例えば、部族間の「敵対関係」や「恨み」が何世代にもわたり続くことは珍しくない。そうしたお互いの関係はなかなか忘れ去られることはない。何年後に外国軍が去ることになろうとも、かつてどちらの側についたか、といったことは忘れ去られることはない。住民たちにとっては、もしもの場合に備え、タリバンに協力した方が良いと考えがちであった。

見せしめの処刑

タリバンは白昼に人々の前で意に沿わない人物を処刑する、あるいは、首を切り落とすような残忍な方法で住民を殺害し、人々に畏怖の念を抱かせるようなことを行うようになった。ある村で村人の眼前で、何人かを処刑し、「この男たちは米国のために働いたので処刑した。同様のことをすれば、同じ運命をたどることになる」と宣言したりした。

徐々にであるが、恐怖を感じる住民たちがタリバンに協力するようになる、あるいは、連合軍やアフガン政府への協力を拒否する、というようなことが見られるようになってきた。

二〇〇六年一月、南部ヘルマンド州の州都ラシュカルガー市のモスクで礼拝をしていたアフガン人が白昼堂々、武装した数人のグループにより、他の多くの礼拝者の目の前で射殺されるという事件が発生した。この殺害されたアフガン人は外国（バングラデシュ）の援助機関で仕事をしていたため、タリバンに狙われたと見られている。この事件は、タリバンが外国軍はもちろんのこと、外国の援助機関であれ、協力する者を殺すという警告と受け止められた。

3　女子学校への攻撃

タリバンの影を感じさせるもう一つの例は学校への攻撃である。タリバンが崩壊して一年も経たない二〇〇二年中には、学校、とりわけ女子の学校へのロケット攻撃や放火などの例が散見されるようになってきた。

二〇〇二年一〇月二四日の夜、カブールの南西に隣接するワルダック州においてほぼ同時に三つの女子の学校及び一つの共学校の合わせて四つの小学校が攻撃を受けた。二つの学校はロケット(ロケット推進弾RPG)攻撃、残りの二つの学校では黒板などの備品が放火された。まさに学校への「同時多発テロ」であった。

犯人は不明であるが、女子の学校を禁止していたタリバンの犯行が疑われた。犯行前には、「女子を学校に通わせることはイスラムの教えに反する」「女子を学校に通わせるな」といった警告が「夜の手紙」により伝えられていた。

犯行後にも「夜の手紙」が残されていた。襲撃された学校付近の木に「夜の手紙」が留められており、「アフガニスタンの女子たちを召使や奴隷にした米軍に立ち上がれ」「アフガニスタンの女子たちを不信心者から救おう」といった内容が記されていた。そうした手紙には「アフガニスタンのムジャヒディン」と署名されており、具体的には、タリバンなのか、ヘクマティアル派であるのか、それとも他の集団であるか、明確には名乗っていなかった。タリバンは自分たちを「占領者」である米軍を相手にジハード(聖戦)を戦う「ムジャヒディン」であると称しており、タリバンの犯行を疑う者が多くいた。

女性の品格

タリバン、あるいは、保守的な田舎のパシュトゥンの部族の考え方では、女性は外部との接触を持つべきではなく、家の中に大事にしまっておくべきものであり、学校に通わせるということは、女性

女子学校の教室風景（カブール市内、2002 年 5 月）

の品格を汚すことになる。従って、女性を守るため、さらには女性の品格を汚そうとする不信心者（米軍、あるいは、その傀儡であるカルザイ政権）たちの陰謀を挫くため、女子の通う学校を攻撃した、ということになる。

タリバンによる女性に対する様々な制限、とりわけ女子の教育の否定が国際的な批判を浴びたため、その反動もあって、タリバン崩壊後、国際的な支援により、あちらこちらに女子の学校が設立された。そのため、タリバンが出現する以前から女子の学校など全く存在しなかった、あるいはほとんど存在しなかったような田舎にまで、次々と女子の学校が設立されたりしたが、そうしたあまりに「急進的な」社会の変化にとまどう住民たちもいたようである。

すなわちアフガニスタンの保守的な地域での女子の学校の設立は、必ずしも、草の根レベルで、圧倒的な地元の支持を得て実現した、というものではない。そうした地域での学校襲撃事件は、犯人が誰であれ、急激な変化に対する反動という側面もあるであろう。そうした地元の反動は、新政権への反発、タリバンへの親近感につながりかねない、ということは念頭に置かなければならない。

「タリバン」（「タリブ」の複数形）はもともと「生徒たち」という意味であることはすでに述べた。「生徒たち」が学校を否定することは、奇妙に見えるが、タリバンにとっての学校はイスラム宗教学校の「マドラサ」のみを指し、教育とはコーランの勉強のみでなければならない。それ以外の学校は西洋の堕落した有害な考え方を植えつけようとするものであり、男子の学校であれ、そうした教育をする学校は認められない、というのがタリバンの考え方である。

タリバンによると思われる、女子の学校への攻撃が頻発するようになると、多くの女子生徒の親は、そうした危険な状態では、娘を学校に通わせることを断念した。未だにアフガニスタンの田舎では女子への教育を重要と考えない家庭が多いため、敢えて危険を冒す必要を感じなかった親たちもいる。

学校への攻撃、教師の殺害事件の大部分は、それに先立ち、「夜の手紙」が送られ、女子の教育を止めるように脅迫され、それでも続けると、実力行使に出る、というパターンであった。政府が守ってくれるだろうと考えていると、そうした期待は裏切られた。

危険にさらされる教師たち

内戦終了後、アフガニスタンが再建、復興に向けて努力する中で、学校が再開され、女子を含めた生徒たちが通学するようになると、それはアフガニスタン復興の「成功事例」「成功物語」として言及されるようになった。カルザイ大統領をはじめアフガニスタン政府関係者はいかに多くの子供たちが教育を受けられるようになったか誇らしげに述べていた。

しかしながら、タリバンが復活するようになると、とりわけタリバンの活動が活発な南部や東部での学校や教師への攻撃は深刻さを増していった。

二〇〇六年一月、ザブール州で学校の校長の自宅にタリバンと思われる四人組みが押し入り、その妻と八人の子供たちの目の前で校長の首を切り落とした。ザブール州はカンダハルに隣接する州であり、タリバンの活動が活発であった。女子の学校の閉鎖を要求し、さもなければ教師を殺害するというタリバンによる脅迫が頻繁に見られつつある中でこうした事件が発生した。

二〇〇七年六月、カブールの南隣のロガール州でオートバイに乗った二人組の男が帰宅途中の女子生徒らに向かって銃を乱射し、二人の女子生徒が死亡、さらに数人が負傷するという事件が発生した。この事件は、教師など教育関係者だけではなく、女子生徒自身も教育を受けようとすると危険にさらされることを示した。

二〇〇七年九月の国連事務総長報告は、学校への攻撃や教師及び生徒への脅迫が、教育面でそれまでに達成した成果を台無しにする危険があると述べている。この報告では、さらに、アフガニスタンで教育を受ける子供の数は増加しつつあり、六〇七万人（そのうち、二一七万人が女子）に達したが、反政府活動の影響を受けているカンダハル、ウルズガン、ヘルマンド及びザブール州では、七二一の学校のうち、四一二校が治安上の問題から閉鎖に追い込まれた等と述べている。

二〇〇八年一月、カルザイ大統領は議会において、治安上の問題のため学校に行くことができない子供の数は約三〇万人であり、一年前の二〇万人に比べ、五割増加している、学校が閉鎖された地域の大部分はタリバンの活動が活発な南部である、と述べた。

4　態勢を建て直すタリバン

タリバン、アル・カーイダが国境を越えパキスタン側に逃れた際、連合軍はタリバンが崩壊したということで、「タリバン打倒」というとりあえずの目標は達成した。そして残された課題であるテロリストの掃討作戦は継続するが、その一方でアフガニスタンの国家再建のための「安定化」にも積極的に取り組むこととなった。連合軍はパキスタンに逃れたタリバンを引き続き軍事攻撃し、タリバンを壊滅させることはしなかったが、これはある程度やむを得ない事情があった。

まず、パキスタン政府は、連合軍が国境を越えてパキスタン領内に侵攻し軍事行動を取ることは基本的に認めていなかった。そもそも、タリバン政権崩壊直後は、タリバンがアフガニスタンに戻ってきて米軍に攻撃を仕掛けるということは、散発的にしか見られず、タリバンがアフガニスタンの治安を脅かすことは当時は予想し難いことであった。

しかし、パキスタンに逃れたタリバンに対する攻撃が十分に行われなかったため、タリバンに復活する余裕を与えてしまった。タリバンは新たに若い兵士を獲得し、戦力を増強させた。例えば、タリバン崩壊時に一〇歳であった少年は五年も経てば、一五歳の立派な自爆テロリストに成長していた。このように時間が経つにつれ、新たな兵士たちがタリバンに加わっていった。

タリバンが国境地域で勢力を回復し、再びアフガニスタンに戻ってくることを米軍らは予想していなかった。端的に言えば、タリバンの力を過小評価し、「油断した」と言える。

ただし、米軍の見通しの悪さを批判することは公平ではない。他ならぬアフガン人自身、とりわけ、アフガン新政権の関係者すら、「タリバンは消滅した」という幻想を抱いていた。「タリバンの脅威はもはや過去のものであるから復興支援をもっと進めて欲しい」というのがアフガン人たちの強い願いであった。しかし、今やタリバンがアフガニスタンに戻り、テロ攻撃をしかけるため、復興支援や「安定化」も安心して取り組むことが難しくなりつつある。

タリバンに加わるアフガン国民

タリバンは連合軍との戦闘で兵士を失っても勢いは衰えておらず、要員のリクルートにそれほどの困難を感じず、新たな戦闘員を次々と獲得しているように見える。現状に不満なアフガニスタン人がタリバンに脅迫され、あるいは、金目当てのために、タリバンに加わっている。彼らは決してタリバンの思想信条に共鳴しているわけではない。しかしながら、タリバンに加わり戦闘に従事すれば、日々の食事に加え数百ドルの月給（地域により、また募集の度ごとに異なるが、例えば南部では四〇〇ドル程度、東部では三〇〇ドル程度といわれる）、日給では一〇ドル程度を支給されるという。

タリバンが支払う月額四〇〇ドルは、公務員や一般企業の給料よりもはるかに高い金額である。例えば、二〇〇八年五月には、カブール市内の高校で教師が給料の引き上げを求めてストライキを行い、それを支持する高校生らがデモを行うという事件が発生したが、その際、教師は月給が三〇〇アフガニー（約六〇ドル）であり、これでは低過ぎて生活できないと訴えていた。治安機関を見てみると、警察官やアフガン国軍兵士の月給は約八〇ドルである。そんな安月給で立派にタリバンと戦う兵士や警察官はなかなかいないので、給料を引き上げるべきであるという指摘があるくらいである。

こうしたぎりぎりの生活をしている者にとっては、タリバンからオファーされる金銭的報酬は魅力的であろう。タリバンの活動が活発な南部では失業率が高く、毎日の生活が苦しい状況にあり、地元住民にとっては、タリバンに参加するインセンティブが存在する。タリバンに兵士として加わらなくても、住民がタリバンからお金を受け取って、地雷や簡易爆弾を仕掛けてくる、などということはよくあることである。

5　治安の悪化

アフガニスタン国民は、内戦を終了させたボン合意に従い、和平のプロセスが進み、民主的な手続きで成立した新たな政府のもと、国民、民族の和解も進み、治安が良くなるものと期待していた。

しかしながら、そうした期待に反し、アフガニスタンの治安は徐々に悪化していった。国連安全保安局（ＵＮＤＳＳ）資料によれば、統計を取り始めた二〇〇三年以降、毎年、治安事件件数が増加している。特に、二〇〇六年は前年に比べ、事件発生件数が急増している。

より詳しく見てみると、治安関連事件が急増するのは、国際治安支援部隊（ＩＳＡＦ）がタリバンの活動地域である南部や東部に展開し始めた二〇〇五年後半ごろからのことである。

カンダハル近郊の地雷原での地雷除去作業（2002 年 12 月）

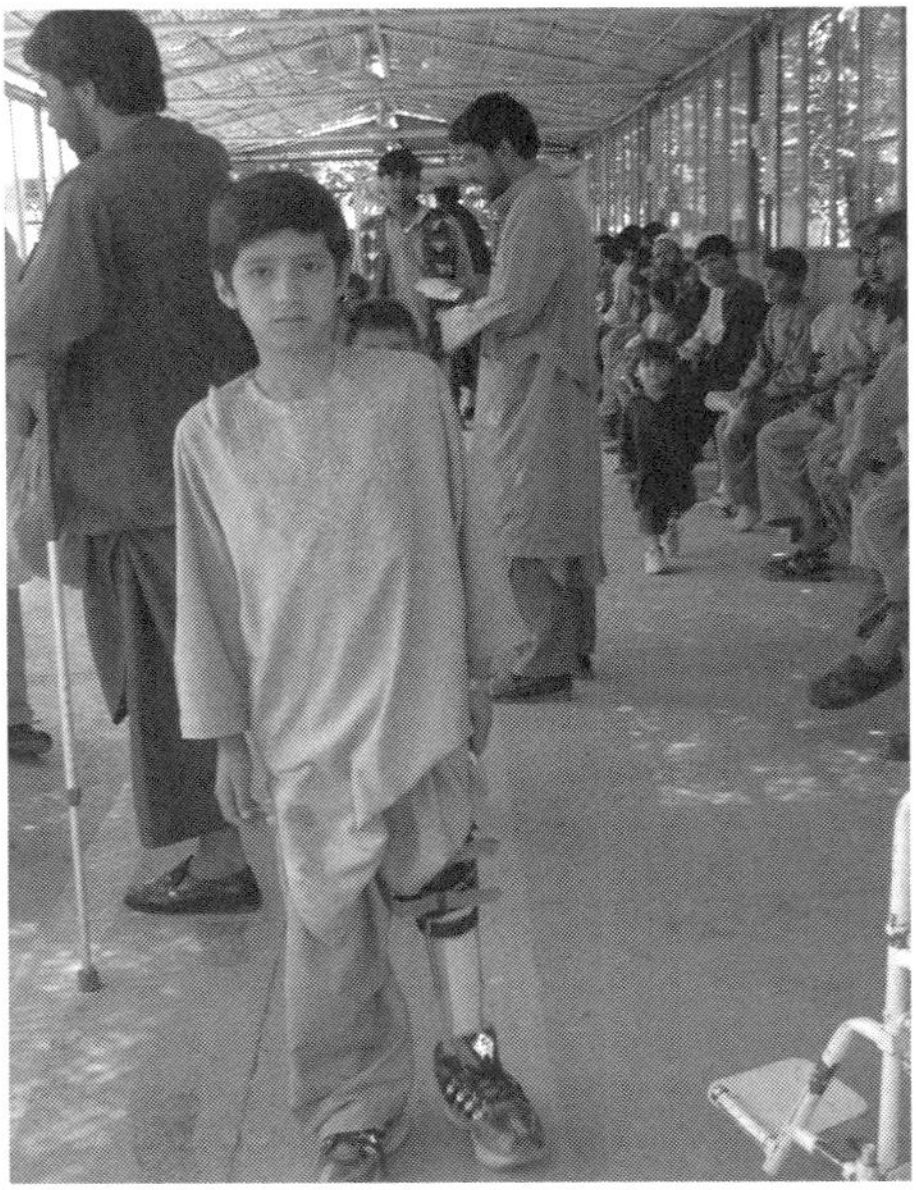

地雷で片足を失い義足をつけている少年（カブール市内のリハビリ施設で、2003 年 8 月）

ＩＳＡＦは、アフガニスタンでの治安事件の増加は、ＩＳＡＦが活動範囲を拡大し、軍事作戦によりタリバンを追い込んだので、タリバンが苦し紛れに抵抗している、あるいは、タリバンが隠れていたような隅々にまでＩＳＡＦを展開させたのでタリバンとの接触が増加し、その結果、治安関連事件が増加するようになった等の強気の見方を示した。ＩＳＡＦの言い分では、事件件数の増加は、タリバンの復活の結果ではなく、ＩＳＡＦの作戦が成功を収めていることの裏返しであるということである。

米国務省は、兵士などを除く非戦闘員を対象にしたアフガニスタンでのテロ攻撃の件数を発表しているが（「国別テロ年次報告書二〇〇七年版」）、それを見ても、二〇〇五年は四九一件、二〇〇六年は九六九件（前年比九七％増）、二〇〇七年は一一二七件（前年比一六％増）というように増加しており、ＩＳＡＦの説明とは異なり、戦闘に従事していない者たちへのテロ攻撃も着実に増加していることを示している。

ＩＳＡＦや連合軍はタリバンが結集していると見られる特定の村への攻撃などでは、圧倒的に優勢な兵力をもとに、勝利を収め、一時的に支配を確立するが、それでは、その支配を維持できるか、といえば、それは容易なことではない。兵員数が限られているため、タリバンを掃討した地域に連合軍やアフガン国軍の十分な兵力を駐留させるわけにもいかず、そのため、やがてタリバンが支配を取り戻してしまう。軍事的に「点」で勝利しても「面」での支配にはなかなか至らないわけである。それ故、個々に軍事的な勝利を収めても、治安が全体として改善するかといえば、それは別の問題である。

また、アフガン政府軍とタリバンの交戦により、国軍兵士が死亡すれば、遺族たちは意気消沈するが、タリバン兵士が戦死すれば、遺族や仲間は、その兵士を「殉教者」と賞賛し、お祝いをする。タリバン兵士たちは、自分たちが正しいことをしている、イスラム教徒としての義務を果たしていると信じており、士気は高かった。このように個々の戦闘で敗れることはあっても、タリバンには「勢い」があった。

なお、アフガニスタンでの治安関連事件は詳しく見ると、タリバンなど反政府勢力による事件ばかりではない。むしろ、事件数で見ると、一般的な犯罪、部族間抗争、土地や水利権をめぐる争いなどの方が圧倒的に多い。アフガニスタンの治安悪化は反政府勢力の活動の活発化という側面だけではなく、アフガニスタン政府、とりわけ治安関連機関がまだ弱体であることを示している。

全土に拡大する治安悪化

テロなど治安関連の事件は、当初はタリバンの出身母体であるパシュトゥン人が多く住むアフガニスタン南部、南東部、東部に集中していた。しかし、徐々に、それまで比較的安全と考えられていた北部や西部（ファラー州、ヘラート州）へも事件が拡大するようになってきた。

二〇〇七年五月、北部クンドゥズでの自爆テロ事件が発生し、ドイツ軍兵士三人とアフガニスタン民間人数名が死亡した。一一月には、クンドゥズの南隣のバグラン州で自爆テロ事件が発生し、国会議員六人を含む九〇人ほどが死亡する事件が発生した。こうしたテロ事件は、反政府勢力が北部にまで活動範囲を広げてきていることを強く印象づけた。

二〇〇七年一〇月、タリバン上級司令官マンスール・ダードゥラーは「我々の活動は南部地域で燃え盛っているが、同様に北部地域にも活動を拡大するであろう」と述べ、北部への戦線の拡大を明言した。この発言はアル・カーイダの広報部門「アル・サハーブ」(Al-Sahab)により制作され、イスラム過激派のウェブサイトに掲載されたものである。復活しつつあるタリバンとアル・カーイダの連携を強く示唆している。

アフガニスタンは大雑把に言えば、南部、東部に最大民族のパシュトゥン人が居住し、北部には少数民族であるタジク人、ウズベク人などが居住している。しかし、二〇世紀の始めに、当時のパシュトゥン人の国王の政策により、パシュトゥン人を北部に移住させる政策がとられたので、北部にもパシュトゥン人の集落が点在している。

クンドゥズにはそのようなパシュトゥン人の居住地域がある。これは「パシュトゥン・ポケット」と呼ばれている。一九〇〇年頃、当時のアブドゥル・ラハマン王は、反体制派勢力を抑えるため、国王自身の部族(パシュトゥン人のドゥラニ族)とライバル関係にあったパシュトゥン人のギルザイ族らをアフガニスタン南東部からクンドゥズに移住させた。パシュトゥン人ではない少数民族に囲まれると、ギルザイ族も同じパシュトゥン人である国王に従うことが期待されたようである。

このような歴史的経緯で北部に居住するパシュトゥン人たちは今だに周囲の他の民族との間で緊張関係にあり、対抗意識も強い。パシュトゥン人主体のタリバンやヘクマティアル派などの反政府勢力は、そうしたパシュトゥン人のコミュニティーとの同族関係、部族的なつながりを持っており、それを足がかりに北部への進出を図っているようである。*

* タリバンの最高指導者オマルはギルザイ族出身。ヘクマティアル元首相もギルザイ族であり、クンドゥズ出身。

従って、北部で発生したテロ事件を見て、北部全体も治安悪化が急速に進んでいるかというと、必ずしもそのように即断はできない。特に、クンドゥズについては、「パシュトゥン・ポケット」に加えて、二〇〇一年の米軍によるアフガニスタン攻撃の際、タリバンはクンドゥズに逃げ込み、最後まで立てこもったという事実に鑑みても、クンドゥズに親タリバン勢力が存在する可能性がある。従って、クンドゥズの状況を北部一般に当てはめることは適当ではない。しかしながら、タリバンなどの反政府勢力が拠点となりうる地域が北部に散在していることには留意する必要がある。

カブールでのテロ事件

首都カブールでのテロ事件は、アフガニスタン政府や連合軍の治安維持の能力の欠如、そしてその裏返しであるタリバンなどの反政府勢力が勢いを増大しつつあることを印象づけることになる。カブールでのテロ事件は散発していたが、二〇〇七年後半あたりから、派手なテロ事件が目立つようになって来た。

二〇〇七年六月一七日、カブール市内の警察署前で警察官の出勤に使用されているミニバスを狙った自爆テロが発生し、警察官ら三五人が死亡、日本人二名を含む約四〇人が負傷した。タリバンが犯行声明を出した。このような警察、あるいはアフガン国軍を狙った自爆テロがカブールで頻発するようになってきた。

二〇〇八年一月一四日、カブールの最高級ホテルであり、外国の要人や外交官などが頻繁に利用するセレナ・ホテルを武装した四人の集団が襲撃、ロビーなどにいた客や従業員に向け銃を乱射し、八人が死亡、六人が負傷した。事件当時、ホテルにはノルウェー外相一行が滞在中であり、死者の中には、ノルウェー人記者一人、負傷者の中にはノルウェー外務省職員一人が含まれている。タリバンが犯行声明を出した。この事件により、タリバンが外国軍やアフガン治安機関だけではなく、より警備が甘い「ソフト・ターゲット」も標的にするようになったことが注目されるとともに、最高級ホテルとして厳重な警備を行っていたにもかかわらず、タリバンの攻撃を免れることができないほどアフガニスタンの治安情勢が悪化していることが示された。

四月二七日、カルザイ大統領が出席する対ソ連戦勝記念式典の最中に、機関銃や迫撃砲などによる攻撃があり、三人の実行犯グループに加え、国会議員一人を含む四人が死亡した。タリバンが犯行を認め、この事件は意のままに攻撃を行う能力があることを示すのが目的で、カルザイ大統領を暗殺しようとしたものではない、と述べた。この事件は、アフガニスタンの治安機関の能力の欠如を強く印象づけることとなった。

タリバン支配地域

二〇〇八年二月、米国のマコネル国家情報長官は上院軍事委員会の公聴会で、「人口で見れば、タリバンはアフガニスタンの約一〇〜一一%を支配、アフガン政府（中央政府）は約三〇〜三一%、残りは地方の支配下にある」と証言した。これは、タリバンが南部を中心に支配地域を拡大していることを印象づけるとともに、中央政府の支配がなかなか地方に及んでいないことを示した。

翌三月には、アフガニスタン情勢に関する国連事務総長報告が出されたが、治安情勢については、マコネル長官の情勢分析とほぼ同様のものとなっており、「三七六の郡（district）のうち、三六の郡がアフガン政府職員や援助関係者が入ることができないままである。三六郡には東部、南東部及び南部の大部分の郡が含まれる」としており、アフガニスタンの約一割が反政府勢力の支配下にあることを認めている。

6　非対称な戦い

タリバン幹部の殺害、拘束

タリバンと連合軍が正面からまともに軍事的に衝突すれば、軍事力で勝る連合軍の方が圧倒的に有利であることは明らかである。二〇〇六年から二〇〇七年にかけて、タリバンはムラー・アフタル・ウスマーニ（二〇〇六年一二月、米軍の空爆によりヘルマンド州で死亡）、ムラー・オバイドゥラー・アクンド（タリバン政権時の国防相、二〇〇七年二月、パキスタンのクエッタで拘束）、ムラー・ダードゥラー（二〇〇七年五月、ヘルマンド州の戦闘で死亡）といった有力な司令官を失った。

そのため、タリバンはまともに連合軍に戦いを挑むことは避けるようになり、むしろ非対称な戦い、すなわち、自爆テロや簡易爆発装置（Improvised Explosive Device, IED）攻撃に重点を置くようになった。これは、連合軍側が主張するように、タリバンが追い詰められているという見方もできないことはないであろうが、むしろ、タリバンが戦術を変化させていった、ということであろう。

ウスマーニ、オバイドゥラー、ダードゥラーは、いずれもクエッタにあるタリバンの最高指導評議会（あるいは最高幹部評議会と呼ばれ、一〇名あるいは一五名からなると言われる）のメンバーであり、軍事作戦の指揮はもとより、資金、武器の調達などで活躍してきたため、こうしたタリバン指導者の殺害がタリバンに一定の打撃をもたらしたのは事実であろう。しかしながら、その打撃の程度は限られている。

二〇〇八年二月、マコネル米国家情報長官が上院特別情報委員会に米国の国家安全保障上の脅威に関する年次評価書を提出したが、そのアフガニスタン部分で、「昨年、三名のタリバン最高幹部を殺害あるいは拘束したが、まだタリバンの反政府作戦に著しい打撃を与えたようには見えない」と記しており、米国自身、最高幹部三名の殺害や拘束がタリバンに与える影響が限定的であることを認めている。

タリバンの戦術の変化

もともと、タリバンは正規の軍隊でもないし、近代的な軍隊としてのまともな訓練も受けていない。タリバン政権崩壊前に全土を制圧しようとする過程で、パキスタン軍がタリバン軍の訓練や指導を行っていると見られていたが、９・11後にパキスタンが「テロとの闘い」に参加してからは、そうした訓練などを受けることは難しくなった。

アフガニスタン内戦当時は、タリバンが相手にしていた軍閥はＮＡＴＯ軍などに比べてしまえば貧弱であり、タリバンと同じレベルの「軍隊」であった、あるいは、タリバンは他の軍閥と同じレベルの「軍閥」であった、と言える。その意味では内戦当時は「対称的な戦闘」になっていた。

しかし、タリバンが復活するに伴い相手にしている軍隊はそうした内戦当時とは全く異なる装備を備えた先進国の軍隊である。従って、タリバンがそうした最新の装備、訓練を施された連合軍とまともに勝負することが無謀であることは、タリバンも承知している。タリバンの得意なゲリラ戦法、すなわち、非対称戦術に訴えることは自然な成り行きであった。

このようにタリバンが戦術を変え、自爆テロ、簡易爆発装置（ＩＥＤ）による攻撃、誘拐事件などを頻発させ、治安関連事件が巧妙化、悪質化し、治安の悪化が急速に進むと、アフガニスタン国民は、カルザイ政権へ不満を持ち、カルザイ政権を批判するようになった。平和が訪れたと思ったのも束の間、まるでかつての内戦状態に逆戻りしつつあるかのようであった。

ＮＡＴＯ加盟国の間では国際治安支援部隊（ＩＳＡＦ）への増派について侃侃諤諤の議論が行われ、なかなか兵力増強の合意を得られないが、一方でタリバン側は戦死者が増えても、自爆テロ要員を含め、代わりの者が絶えず現れており、リクルートに困難が生じているようにも見えない。

ＮＡＴＯ加盟国の間では、「出口戦略」、つまり、いつ、どのような形でアフガニスタンを去るべきであるか、逆に言えば、いつまでアフガニスタンに軍を展開させなければならないのか、ということに関心があり、国内世論対策上も、無期限に連合軍の駐留は難しい事情にある。連合軍は結果を出すことを求められている。

その一方で、タリバンはパキスタンに比較的安全な「聖域」を設け、活動を活発化させている。パキスタンが得ようとして得られなかった「戦略的縦深性」をタリバンはしっかりと確保していた。アフガニスタン国内の状況が好転しないようであれば、時間が経つほどタリバンに有利、連合軍には不利、と言える。連合軍、タリバンの双方が強気の見方を示すが、正念場はこれからである。

非対称な戦闘と住民の協力

タリバンは典型的には、少数に分かれ、姿を見せず待ち伏せし、連合軍が現れると攻撃をしてすぐに逃げる（ヒットエンドラン hit-and-run 戦術）といったゲリラ的な戦術、すなわち、非対称な戦術を用いる。ムジャヒディンたちが、戦力では圧倒的に強力な一〇万ものソ連軍を相手に事実上の勝利を収めることができたのも、そうした非対称の戦闘のためである。

非対称の戦闘では、正規軍側にとっては相手が「見えない」、つまり、敵はどこかに潜んでいて攻撃をする機会をうかがっている。しかし、相手からはこちらの姿が見えている。敵と戦おうにも、まず、自分が攻撃を受けなければ、敵と戦うことができない、ということがしばしばである。最近は、路肩爆弾など簡易爆発装置（ＩＥＤ）が増えており、その場合には、攻撃を受けても、最後まで敵の姿が見えなかった、一方的にやられただけであった、というようなことになる。

このような非対称の戦いでは、相手についての情報をどれだけ得られるかが、決定的に重要である。例えば、連合軍側はタリバン側を空爆することはあっても、タリバンが連合軍側に空爆するようなことは、まずない。その意味で、戦力の差は圧倒的に違い、全く非対称な戦いである。しかし、そのように圧倒的な戦力を保有していても、どこに空爆したら誰を殺害できるのか、といった情報がなければ、せっかくの有利な戦力も使いようがない。

換言すれば、このような戦いでは、「インテリジェンス」（情報収集）が非常に重要となる。そして貴重なインテリジェンスを得るためには住民の協力が必要である。住民が味方になって、タリバンなどの情報を通報してもらえれば、攻撃が容易になる。連合軍に協力したためにタリバンから報復を受ける危険も大いにある中で、そうした協力者を獲得することは容易ではない。住民たちが連合軍や政府に協力しようと思っても、連合軍や政府がタリバンから身を守ってくれるであろうとはなかなか納得しない。

その一方で、タリバンは住民を盾に使い、できるだけ連合軍による住民への被害を増大させようとしているので、連合軍側が正確な敵の情報を持っていなければ、住民への被害が増大し、連合軍や政府への反感が強まり、ますますタリバンへの支持、同情が集まる。そうしたことから住民が政府側につくか、タリバン側につくかが勝敗を分ける重要なポイントになる。

連合軍や国際治安支援部隊（ISAF）は住民の協力の重要性を理解しており、住民を味方につける戦略の一つとして復興活動を支援する地方復興チーム（PRT）を展開させるようになった。二〇〇八年六月時点で、アフガニスタンには二六の地方復興チームが展開しており、それぞれ主導国によって運営されている。

地方復興チームにより実施された復興事業により地元住民の生活が改善し、連合軍に好意を抱くというのは自然である。しかし、復興活動を支援することにより住民の間で国際治安支援部隊（ISAF）等への感謝、好意が増大したとしても、いざタリバンの脅威を目の前にして住民たちが死を覚悟してまでISAFに協力する、あるいは、タリバンに立ち向かうということにはなかなかならない。

すなわち、タリバンがいざやって来た場合に、住民がタリバンに協力するか、あるいは、タリバンへの協力を拒否し連合軍等へ協力するかを考えた場合、住民がタリバンと連合軍のどちらに好意を抱いているかということはそれほど重要ではない。むしろ、住民にとって身の安全や日々の生活を守るためにはどちらが得策と考えるかという方がはるかに重要である。多くの場合に、住民にとっては生きるために、たとえ嫌いであってもタリバンに協力する以外の選択肢がないことに留意する必要がある。適切な喩えかどうかわからないが、誰でも、日本人や欧米人であっても強盗に入られて銃や包丁をつきつけられて、「金を出せ」と言われれば、それに応じざるを得ないであろう。強盗の言うことに従うこととその強盗が好きか嫌いかは別の問題である。

アフガニスタン人たちは米軍などの連合軍が永久にアフガニスタンに駐留してくれるであろうとは考えていない。いずれ、帰国するであろうと思っている。それとは対照的に、タリバンは消え去るわけではないので、連合軍がいなくなれば、再びアフガニスタンに戻ろうとするであろう。住民たちは、その時いったい誰がタリバンから自分たちを守ってくれるのか、という不安を抱いている。

タリバンもそうした住民たちの心理をよく理解しており、「なぜ、連合軍に協力するのか。連合軍に協力すれば、いずれ命をもらう」というように脅迫する。タリバンは、ジワジワと連合軍に損害を与え、いずれ欧米の世論がアフガニスタンへの派兵に反対するようになり、撤退することを期待している。その点では、筆者は、連合軍はアフガン住民の心をつかむだけではなく、自分たちの母国（欧米諸国）の国民の心をつかむ必要に迫られていると考えている。いずれにせよ、タリバンとしては、何も、あわてることはなく、連合軍が撤退すれば、アフガニスタンを再び制圧できる、時間は自分たちに有利であると考えているようである。

7　自爆テロ事件

自爆テロという攻撃手法は、たんに爆弾を爆発させるという原始的な方法を用いるが、刻々と変化する状況に従い、実行犯が攻撃の対象、場所、時間を決めることができる。その意味では、極めて高度であり、効果的な攻撃手法である。

通常のテロ攻撃であれば、攻撃を実行した後、どのようにして逃げるかを綿密に計画しなければならないが、自爆テロでは、退路を考える必要が無くなる。一般に、テロ事件では事件後に犯人が拘束され、その犯人の供述から関係者が拘束されるようなことはよくあるが、自爆テロの場合にはあらかじめ身の回りを整理しておけば、事件後、仲間に迷惑をかけるようなこともあまりない。

このように自爆テロはテロリスト側から見ると、様々な利点を見出せる攻撃手法である。自爆攻撃を、「実行者の死により攻撃が達成される手法」と定義づけるとすれば、太古の昔から、この手法が用いられた例がいくつも見られる。日本の神風特攻隊も世界に良く知られた例である。

最近は世界で自爆テロが珍しくなくなったが、自爆テロが「流行」するきっかけになったのは、一九八三年のヒズボラによるベイルートの米海兵隊施設攻撃である。この攻撃では爆弾を積んだトラックが米海兵隊施設に突入し、二四一名の海兵隊員が死亡した。

アフガニスタンでの自爆テロ攻撃の発生

アフガニスタンでは二〇年以上にわたり悲惨な内戦が続いたが、この内戦で自爆テロという手法が用いられることはなかった。ムジャヒディンとソ連軍との戦闘、ムジャヒディン同士の抗争、タリバンと北部同盟の戦闘を見ても自爆テロは用いられなかった。

アフガニスタンで初めてと思われる自爆テロの例が米国同時多発テロ事件の二日前の二〇〇一年九月九日に起きた北部同盟最高司令官アハマド・シャー・マスード暗殺事件である。この事件はジャーナリストを装い、マスードにインタビューを申し入れた二名のアル・カーイダのメンバー（いずれも、チュニジア人）による自爆テロであった。この事件の当時は、「自爆テロというアフガニスタンの文化、伝統にはなじまない手法を用いたのだから、犯人はアフガニスタン人ではなく、アラブ人に違いない」という言い方がよくされていた。

しかし、タリバンが復活するとともに、自爆テロ事件の件数が急増している。自爆テロリストが果たしてアフガニスタン人であるか、それともパキスタン人その他の外国人であるか、議論があるものの（アフガニスタン人やアフガニスタン政府関係者はしばしば自爆テロリストは外国人であると主張する）、犯人の国籍がどうであれ、「自爆テロ」という手法がアフガニスタンでも一般的になりつつある。

自爆テロリストの多くはパキスタンの部族地域（ＦＡＴＡ）でリクルートされ、自爆テロの手法を学び、一人前の自爆テロリストとなる。そして国境を越えてアフガニスタンでテロを実行していると見られる。なぜ、自爆テロリストになるのか個人によって事情は異なるであろうが、どのような事情で自爆テロを志願する、あるいは、強要されるにせよ、爆弾の入手、あるいは製造、その使用法といった知識が最低限必要である。さらには、そうした材料の入手、目標の指定、攻撃のタイミングの決定なども組織的に行われる必要がある。

アフガニスタンでの自爆テロの急増の背景には、タリバンのような反政府勢力が組織として積極的に進めていることは確実と見られる。

タリバンによる自爆テロ攻撃

アフガニスタンでの自爆テロの件数の推移を見てみると、二〇〇二年は例がなく、二〇〇三年に二件、二〇〇四年に三件というように時折発生する程度であったが、二〇〇五年に一七件と跳ね上がり、二〇〇六年には一二三件と前年比七倍以上に急増した。二〇〇七年は、さらに前年を三割も上回り、一六〇件であった。

このような数字から、時期的にタリバンの活動の活発化と自爆テロの急増が連動していることがわかる。実際に、タリバンは自爆テロという手法を主要な攻撃手段と位置づけている。

二〇〇六年九月、タリバンの最高軍事司令官であるムラー・ダードゥラーがAP通信社の記者に衛星電話を通じて、タリバンは「アフガニスタンを占領する侵入者」に対する自爆テロ要員として五〇〇人のアフガン人を登録している、と述べ、タリバンが自爆テロ攻撃という手法を積極的に採用するようになったことを示唆した。

二〇〇七年五月の『ニューズウィーク』誌の報道によれば、ムラー・ダードゥラーはタリバンの広報ビデオの中で、一八〇〇人の自爆テロ志願者がいると誇らしげに述べている、ということである。

さらに、別のビデオでダードゥラーは、四五〇人ほどの自爆テロ志願者を前に、「お前達の体は新型の巡航ミサイルであり、原子爆弾である」と述べたという。

通常の攻撃手法と比較して自爆テロは一般の住民に与える心理的打撃が大きい。事件が起きる前に、外見から自爆テロ犯を特定することは難しく、自爆テロは防ぎようがない、という絶望感、恐怖感を人々に与える。

その手法の特異性から、マスコミも自爆テロ事件は大々的に取り上げる傾向があり、テロリストたちの自らの命を犠牲にすることも厭わない固い決意、勇敢さが印象づけられたりする。

そのため、人々は政府のテロや治安対策能力に疑問や不安を抱くようになる。アフガニスタンの自爆テロは、カンダハルやカブールなどの主要都市で多く見られるが、タリバンなど反政府勢力は、一般の人々への「広報効果」、心理的影響も意識していると見られる。

二〇〇七年七月、カルザイ大統領は、一四歳の自爆テロ企図犯及びその父親と共に記者会見を開いた。この少年は、パキスタンの部族地域（ＦＡＴＡ）の南ワジリスタン管区出身であり、アルサラ・ジャマール・ホースト州知事を標的とするようアフガニスタンに送り込まれた。ホースト州で自爆テロ用のチョッキを身に着けていたところを治安部隊に身柄を保護されていた。

この少年は、コーランを学ぶためにマドラサに送られていたが、いつの間にか自爆テロリストに仕立てられていた。父親は貧しさ故に息子をマドラサに送ったが、息子が自爆テロリストになっているとは知らず、普通に勉強していると思っていた。カルザイ大統領は記者会見で、この少年が非難されるべきではなく、恩赦を与えると発表した。

カルザイ大統領は、わざわざ少年とその父親とともに記者会見を開くことによって、タリバンが罪のない子供たちにどれほどひどいことをしているかを示し、一般の人々のタリバンへの支持、共感を削ぐ意図があったと思われる。

一四歳という若さは異例であるが、この事件のように貧しく、十分な教育を受けていない若者が、マドラサなどで洗脳、場合によっては脅迫され、自爆テロリストになっていく、というパターンはアフガニスタンの自爆テロリストの典型例と見られている。

なお、この事件の前月には国際治安支援部隊（ＩＳＡＦ）は、タリバンが六歳の少年に自爆テロ用のチョッキを着せて、アフガン軍を攻撃するように命じたが、未然に防ぐことができた、と発表した。二〇〇六年にはタリバンはロバに爆薬を乗せ、米軍基地に向かわせたが、警備兵が発見し、爆発前にロバを射殺したという例も報告されている。タリバンは手段を選ばず、連合軍を攻撃するようになっている。

女性自爆テロ未遂事件

二〇〇七年一二月二四日、アフガニスタンの東部にあるジャララバードで一人のアフガン人女性が逮捕された。この女性は、アフガン女性の慣行に従い、全身をすっぽり覆う青色のブルカを着ていたが、そのブルカの下に爆薬がぎっしり詰まったベスト（チョッキ）を着用していた。このような自爆テロ用の爆弾チョッキはタリバンがしばしば用いるものである。

彼女の意図は不明であるが、もし、たんに誰かに届けようとしたのではなく、自ら自爆テロを敢行する意図であったとすれば、彼女は未遂に終わったもののアフガニスタンでは初の女性自爆テロの企図者ということになる。

二〇〇八年五月一五日、アフガニスタン南西部ファラー州の市場でブルカを着た犯人による自爆テロ事件が発生した。標的は警察官であり、六人の警察官が死亡、さらに巻き添えとなった市民一二人が死亡、その他二〇人以上が負傷した。この自爆テロ犯人はブルカを着ていたが、男であり、女性を装うことにより、警察官を油断させようとしたと見られている。事件直後にタリバンが犯行声明を出し、犯人が男であることを認めている。

本稿執筆時点では、アフガニスタンで女性自爆テロが成功した例はないが、今後、そうした例が出てくる可能性はあると思われる。

犯行否定声明

タリバンは勢力拡大のためには住民の支持、裏返せばカルザイ政権や連合軍への信頼喪失が重要であることを認識し、住民の視線を意識した対応をとるようになってきた。その一例が、自爆テロ事件後の犯行（否定）声明である。

二〇〇七年一一月に北部のバグラン州で自爆テロ事件が発生し、約九〇名が死亡した際、タリバンが事件直後に自らの犯行であることを否定する声明を出した。それまでテロ事件では、タリバンは積極的に犯行声明を出していた。本当にタリバンによる事件か疑わしい場合でも「タリバン」の名で犯行声明が出ていた。テロ事件があまりに多いので、タリバンが沈黙を保つ場合ももちろんあったが、タリバンがわざわざ犯行を否定する声明を出すのは珍しいことであった。この事件では、下院議員六名に加え、地元住民、とくに子供たちが犠牲になっており、アフガン人たちのタリバンへの反発を考慮したのではないかと見られている。

二〇〇八年二月一七日、カンダハルの闘犬会場で自爆テロ事件が発生し、見物人ら約一〇〇名が死亡した。この件でもタリバンは犯行を否定する声明を出した。犠牲者の中にはタリバンに対する強硬姿勢をとっていた地元の警察幹部が含まれていたため、カンダハル知事ら関係者はタリバンの犯行を示唆した。

ところが、その翌日に、同じカンダハル州でカナダ軍を狙った自爆テロにより、数名のカナダ兵が負傷した上、一般市民三〇名以上が死亡するという事件が発生した際には、前日と違って、タリバンは犯行を認めている。外国軍など、タリバンが公然と敵視する対象を攻撃した場合には、積極的に犯行声明を出すが、一般市民の多くが犠牲になる場合にはわざわざ犯行を否定する声明を出すという傾向が見られるようになった。このカナダ軍が狙われた事件では、タリバンは犯行を認める声明の中で、市民が巻き添えになった事実を否定しているが、そうした声明にもアフガン国民一般の受け止め方を意識していることが感じられる。

8　簡易爆発装置（ＩＥＤ）攻撃

タリバンが採用するようになった非対称で効果的な戦術は、自爆テロに限ったものではない。簡易爆発装置（Improvised Explosive Device, IED）による攻撃も急増し、連合軍、国際治安支援部隊（ISAF）を大いに悩ませるようになった。簡易爆発装置（IED）とは、あり合わせの爆発物と起爆装置等で作られた簡易手製爆弾のことをいう。長い内戦の結果として、アフガニスタンには弾薬などが大量に残されている。そうした弾薬を、携帯電話などが発する無線信号により起爆させるような装置が典型的なIEDである。

アフガニスタンに展開する「不朽の自由作戦」（OEF）司令官のアイケンベリー中将は、二〇〇七年一月、二〇〇五年に七八三件であったIEDによる攻撃が二〇〇六年には一六七七件と倍増した旨述べている。米軍関係者は、「IEDは深刻な問題となりつつある」（二〇〇七年二月、クラドック欧州連合軍最高司令官）として強い懸念を表明するようになった。米軍はIEDの脅威への対処のため膨大な予算をつぎ込んでいる。

かつて、第二次世界大戦中、米国は国家予算を惜しみなくつぎ込み、科学者などを総動員して、突貫作業で原子爆弾を開発した。これはマンハッタン計画と呼ばれている。今はIED対策に全力を挙げており、この取り組みはかつてのマンハッタン計画にちなんで、「ミニ・マンハッタン計画」とも称されている。それほど、IEDは深刻で、かつ、早急に解決を求められる問題になっている。

米国のシンクタンクである「国土安全保障研究社」の予測によれば、二〇〇八年から二〇一二年までの五年間でIED対策装置やサービスなどIED関連の全世界の市場は総計二三二億ドル（一ドル一〇七円で換算すると、約二・五兆円）という巨大なものである。

IED攻撃を行うためには、IED組み立ての技術を身につけている必要があるが、パキスタンの部族地域（FATA）でそうした知識が得られると見られている。また、インターネットにもIEDの作り方を解説したビデオやマニュアルが掲載されているようである。

IED攻撃が多発する地域はタリバンの活動地域と一致し、南部及び東部の主要幹線道路沿いに集中している。しかも、たんに件数が増加しつつある、というだけではない。例えば、どうしても車両の速度を落とさざるを得ないような場所にIEDが設置されるなど、巧妙さも増しているような印象を与えるようなケースも増えつつあった。

このため、ISAFの中でもとりわけ、タリバンの本拠地であった南部のカンダハル州を担当するカナダ軍兵士に対するIEDによる攻撃が目を引く。IEDによるカナダ軍兵士の死者数を見ると、二〇〇六年には初めてIEDによる犠牲者二名が出たのに対し、二〇〇七年には一四名と急増した。

9　外国人誘拐事件の増加

イタリア人誘拐事件

治安の悪化と共に、外国人の誘拐事件も多発するようになった。タリバンは、誘拐事件により、拘束された仲間の釈放を実現したり、多額の身代金を得て、活動資金に当てるなど、大きな成果を上げるようになった。

米国務省の「国別テロ年次報告書二〇〇七年版」によれば、二〇〇七年、タリバンは、世界中の他のいかなる集団より多くの誘拐事件を引き起こした。タリバン以外の反政府勢力、犯罪集団などによる誘拐も頻発しており、アフガニスタンでは誘拐が「はやり」、一種の大儲けをするビジネスのようになりつつあるようにも見られた。そのきっかけになったのは二〇〇七年のイタリア人ジャーナリストの誘拐事件である。

この事件は、二〇〇七年三月四日、イタリアの『レプブリカ』紙記者でイタリア人のダニエーレ・マストロジャコモ記者が南部ヘルマンド州でアフガン人の運転手及び通訳と共にタリバンに誘拐され、タリバン、アフガニスタン政府、イタリア政府間の交渉の結果、一五日後の三月一九日に同記者が解放されたという事件である。

タリバンに対して身代金が支払われた（と見られている）ことに加え、アフガン政府に拘束されていたタリバンのメンバー五人が釈放された。イタリア人記者とともに誘拐されたアフガン人の運転手は、拘束されている間にイタリア人の目の前で、首を切り落とされてしまった。

この誘拐事件は、イタリア人の人質が解放されたという点では良かったが、極めて問題が多かった。まず、この事件では、人質と交換でタリバン兵士が釈放されたが、このように誰の目にも明らかなように、堂々と人質と引き換えという形でタリバン兵士が釈放されたのは初めてのことである。釈放されたタリバンの中には、後にタリバンの上級司令官となるマンスール・ダードゥラーも含まれていた（前出のタリバン最高幹部の一人であったムラー・ダードゥラーの弟。マンスール・ダードゥラーは、二〇〇八年二月、パキスタン当局に再び拘束されることになる）。

このように犯人と取り引きをした上での人質釈放は、誘拐犯に褒美を与えるようなもので、今後、誘拐事件を誘発することが懸念された。実際に、懸念されたとおり、この事件の後、誘拐事件が頻発するようになる。この一件で、タリバンは外国人の誘拐が、軍資金を得る上で、また何より拘束された仲間の釈放を勝ち取る上で非常に有用な戦術であることに気づいた。

タリバンは外国人の誘拐を外国勢力との戦いにおける主たる戦術の一つとして位置づけるようになった。自由の身になったマンスール・ダードゥラー司令官は、ビデオ映像で、「いかなる国籍であろうと外国人を誘拐するよう命じる、タリバンの釈放が目的であれば、外国人を人質にとることは極めて有効な策である」と発言し、タリバンの新たな誘拐戦略を公言している。この司令官本人が人質と交換で釈放されたのであるから、自ら積極的に誘拐を指示している。

イタリア人の人質が解放された直後、米国をはじめ、他の欧州諸国もこぞってイタリア政府の対応を批判した。米国務省の報道官は、「我々はテロリストとは交渉しない。他の国も、同じようにして欲しい」と批判した。英国関係者も、この事件による将来の誘拐事件への悪影響の懸念を表明した。

この誘拐事件は、イタリア人の記者の解放では終わらなかった。イタリア人記者とともに誘拐されたアフガン人の運転手は殺されたが、アフガン人通訳はタリバンに拘束されたままであった。タリバンはこの通訳の釈放と引き換えに仲間二名の釈放を要求した。

アフガン政府がタリバンの要求に応じなかったところ、この通訳は四月八日に殺害されてしまった。多くのアフガン人にとっては、アフガニスタン政府はイタリア人の解放には熱心で、タリバンの釈放まで行ったが、自国民であるアフガン人についてはあまり関心を示さず、タリバンの要求に応じなかったので、このアフガン人通訳が家畜を屠殺するかのように喉を掻き切られて殺された、という印象を持った。カルザイ大統領はアフガニスタン国内で強い批判にさらされ、苦しい立場に追い込まれた。

フランス人、ドイツ人誘拐事件

このイタリア人誘拐事件をきっかけに、タリバンによる外国人を狙った誘拐事件が相次ぐようになった。二〇〇七年四月、援助関係のNGOの職員であったフランス人二名（男女一名ずつ）がニムロズ州でタリバンによって誘拐された。タリバンは仲間の釈放あるいはフランス軍のアフガニスタンからの撤退を要求した。四月末には女性が、五月には男性が無事解放された。

男性が解放される直前にフランス大統領選挙の決選投票が行われ、サルコジ候補の勝利が確定していたが、タリバンは「サルコジ新大統領がアフガニスタンから軍隊を撤退させることを検討すると発言していたため人質の解放を決定した」とマスコミに伝えた。

このタリバンの言葉をそのまま信じる者はいないのではあるまいか。タリバンがフランスの新大統領のタリバン向けでもない、ちょっとした発言を聞いて、満足して人質を解放する気になったなどというのはおよそ考えられない。水面下で身代金が支払われたのは確実と見られている。タリバンとしては「身代金をもらったので人質を解放した」とは言えないので、サルコジ新大統領の発言を無理に人質解放の理由としてこじつけた、と見られている。

七月には、ドイツ人二名がワルダック州で誘拐された。そのうち一人は殺害され、残りの一人は、一〇月に解放された。このドイツ人の解放と引き換えにアフガニスタン政府が拘束していた囚人五名が釈放されたが、アフガニスタン政府はこの五名はタリバンのメンバーではないと主張している。この事件でもタリバンに対して数万ドルから数十万ドルの金額が支払われたのではないかということが噂された。

韓国人誘拐事件

　ドイツ人が誘拐された七月には、韓国人二三人の誘拐事件も発生した。タリバンは仲間の釈放を要求したが、アフガニスタン政府がなかなか応じなかったので、二三名のうち二名が殺害されてしまった。イタリア人誘拐事件でタリバンのメンバーを釈放したことがその後の誘拐事件を引き起こしていることは明らかであり、この韓国人誘拐事件ではアフガニスタン政府としても簡単にはタリバンの要求に応じることはできなかった。ここでタリバンの要求に応じれば、こうした誘拐事件がさらに起きることになると予想された。

　水面下で韓国側とタリバンの直接交渉が行われた。交渉開始直後の八月一三日にタリバンは直接交渉に応じた韓国政府への「好意の意思表示（goodwill gesture）」として二人の人質を解放した。三〇日までには拘束されていた残りの一九人が解放された。

　表向きは、両者の協議の結果、アフガニスタンに駐留する韓国軍は年末までに撤収する（これは誘拐事件発生前に韓国政府が決定していたことであり、実質的には何らの影響もない）、韓国のキリスト教系団体をアフガニスタンから撤退させる、今後、韓国のキリスト教系団体をアフガニスタンに入国させない、タリバンによる収監中のタリバン幹部の釈放要求をタリバンが取り下げる、等々の条件の下、タリバンが人質を解放することに同意したことになっている。

　身代金の授受については、公式にはタリバンも韓国政府も否定した。しかし、身代金が支払われたのは確実と見られている。あるタリバン幹部はロイター通信に対し、「我々は韓国政府から二〇〇〇万ドル（約二二億円）以上を受け取った。この金を武器購入、通信網の更新、自爆攻撃用の車両の購入に当てる」と述べた。カタールのアラビア語衛星テレビの「アル・ジャジーラ」も「二〇〇〇万ドル」の身代金を報じた。

人質解放直後、タリバンの報道官は、「今後とも外国人を狙った誘拐を続けていく。このやり方がうまくいくと分かったからだ」と述べている。こうしたタリバンの発言も身代金の支払いを裏付けている。米国務省は韓国人人質解放についてコメントを求められた際に、「テロリストには譲歩しないのが米国の政策だ」と答え、冷ややかな反応をしている。

なお、身代金の額については、報道では、「二〇〇〇万ドル」以外のいくつかの数字が見られる。真相は不明であるが、この韓国人誘拐の件では、これまでとは比べ物にならないくらいの多額の金額がタリバンに支払われたと噂された。アフガニスタンではタリバンによるもの以外の誘拐事件も多発しているが、その場合、釈放の際に、数万ドル、具体的には四～六万ドル程度（五〇〇～七〇〇万円程度）が支払われた、という話がよく聞かれる。* これがタリバンによる誘拐になると何倍にも跳ね上がり、数十万ドルというような話になる。

＊ 例えば、二〇〇七年六月にドイツ人が誘拐され、七月に解放された事件では、身代金として四万ドルが支払われたと報じられた。

この韓国人誘拐事件では、もしタリバン幹部が述べたように二〇〇〇万ドル以上が支払われたとすれば、一人当たりおよそ一〇〇万ドル（当時の為替レートで一億一千万円以上）ということになり、それまでの慣行からすれば、破格の額である。しかも、一人分ではなく、約二〇人分をまとめて受け取ったのである。人質解放直後に、タリバン報道官が大喜びで、「うまくいった」「今後も続ける」などと述べたのも、うなずけることである。

第6章　カルザイ政権の機能不全

1　アフガニスタン国民の不満

治安の悪化

一九九四年にタリバンが現れたとき、アフガニスタン人は戦いに明け暮れる軍閥たちの横行、無法状態に嫌気がさしており、そうした軍閥退治に立ち上がり、治安を回復してくれたタリバンを歓迎した。長年にわたる内戦で、アフガニスタンには武器があふれていたため、各地で多くの住民たちが自ら武器を持参し、タリバンに加わった。それは、その当時、先の見えない泥沼の内戦のため、治安が極端に乱れ、多くの人々が生きる希望すら見いだせなかったからである。

二〇〇一年末にボン合意が成立し、内戦が終わると、人々は平和、国家再建の夢と希望に胸を膨らませた。国際社会によるアフガニスタン支援も約束され、平和の訪れと共に生活が良くなるなど、アフガニスタンの未来は明るいと思われた。しかし、そうした国民の期待に反し、戦闘が続き、経済も期待した発展が見られず、人々は失望を抱くようになった。

これは政府の対応の悪さもあるが、人々が余りにも高過ぎる期待、場合によっては非現実的とも言える、夢物語のような期待を抱いていた、という面もある。人々は内戦が終わったとき、水や電気が来るようになり、軍閥は消え去り、治安が良くなり、工場が林立し働き口がたくさんあり、食べ物が豊富に得られると思った。そうした夢がかなうことはなかった。

アフガニスタン政府が国際社会の協力を得て、経済再建を進め、人々の生活を改善し、平和の果実を味わってもらおうとするのに対し、タリバンも、その点は心得たもので、開発プロジェクトなどを妨害しようとする。タリバンは人々が生活が改善しないなどの不満を持てば、政府を支持しなくなることを理解している。

今や反政府勢力による戦闘に加え、誘拐を含む一般犯罪も増えるなど、アフガニスタンの治安が極端に悪化しつつある。タリバンによる自爆テロなど派手に報道されるので、アフガニスタンでの治安悪化の原因はタリバンであるかのような印象が持たれる傾向にあるが、実は治安関連の事件のうち、タリバンによるテロ攻撃の割合はそれほど高いわけではない。むしろ、一般犯罪の方が数的には圧倒的に多い。

二〇〇七年一〇月に発表されたアジア基金というNGO団体によるアフガニスタンの世論調査結果によると、「アフガニスタン全体として直面する最大の問題は何か」という問いに対し、「治安問題」と答えた者が最も多く、三一%であった（二番目に多い回答は「経済問題」で九%）。これに比べ、「タリバンの存在」と回答した者は七%に過ぎなかった。これはタリバンが関与しないテロや犯罪などの治安問題がいかに多く、そして深刻であるかを示している。

アフガニスタンでの米軍司令官であるアイケンベリー中将は二〇〇六年六月、米議会下院で次のように述べている。

「アフガニスタンはテロ集団、麻薬密売業者、犯罪組織の標的になっている。すべての暴力がタリバンやアル・カーイダによるものではなく、麻薬関連、部族間抗争、土地をめぐる争いも治安状況に悪影響を与えている。我々が直面する敵はとりわけ強いわけではない。しかし、アフガニスタンの国の制度が相対的に弱体である。」

このように治安の悪化に歯止めがかからないと、タリバンの時代のほうが良かったと感じる人々が出始める危険がある。ちょうど内戦で治安が悪かった時にタリバンが現れ、人々の支持を得て、急速に勢力を拡大したのと同じように、カルザイ政権下で治安が悪化し、生活が良くならず、住民の失望を招くとなると、かつてのタリバン登場、勢力拡大と同じようなことが起きることが懸念された。

多くのアフガニスタン人はタリバン支配の悲惨な状態を知っているため、復活しつつあるタリバンを心底から支持しているわけではない。昔、タリバンが現れたときは一時的にせよ純粋にタリバンに期待したが、今はそのような純粋な期待はない。

しかしながら、タリバンへの支持が増えているアフガニスタン南部などの状況を見てみると、人々がタリバンに向かう理由は、政府のガバナンス（統治）の欠如、公共サービスなど政府による公的なサービスの欠如、警察を始めとした政府機関の腐敗、といった人々の不満に起因しており、タリバンを積極的に支持しているわけではないことがわかる。連合軍の誤爆も住民をタリバンに向かわせる要因の一つである。

このように相対的に見て、腐敗した政府などよりタリバンの方が「マシ」だという認識が拡がっていることに加え、前述のとおり、いざタリバンがやって来ると住民は生きていくためにタリバンに協力せざるを得ない、という現実もある。

政府の腐敗

アフガニスタン国民が政府に対し失望する理由の一つに「腐敗問題」が挙げられる。

二〇〇六年一月末から二月にかけて、ロンドンでアフガニスタンの復興に関する国際会議が開催され、アフガニスタンの国造りに関する、国際社会とアフガニスタン政府との間での援助の枠組みについて合意した「アフガニスタン・コンパクト」が承認された。この「コンパクト」実施の大原則として、アフガニスタン政府と国際社会が腐敗問題に取り組むことを定めている。

二〇〇七年九月の国連事務総長報告は、「深刻化する腐敗と脆弱な統治機構のため、政府及び政府指導者への一般の信頼が揺らいでいる」と述べている。ドイツを本拠地とし腐敗問題に取り組んでいる国際NGO、トランスペアレンシー・インターナショナル(Transparency International)の調査を見ても、アフガニスタンの腐敗度は悪化しており、二〇〇五年は全世界の一五九ヵ国中一一七位(つまり、腐敗が少ない政府から数えて一一七番目)であったが、二〇〇七年には一八〇ヵ国中一七二位と後退している。

二〇〇八年一月、あるタリバン司令官がBBC(英国放送協会)に対し、次のように語った。

「自分はアフガニスタン政府に拘束されていたが、アフガニスタン国家保安庁(NDS)の役人に一万五千米ドルの賄賂を支払って、自由の身になった。実は、これは三度目であり、二〇〇四年及び二〇〇五年にも同じように賄賂を使って、刑務所から出ることができた。」

このタリバン司令官は再びヘルマンドに戻り、戦闘に従事しているという。この例は、治安関係者ですら、深刻な腐敗問題を抱えていることを端的に示している。タリバン時代には、タリバンの恐怖政治のために治安及び秩序が回復し、腐敗も激減したが、支配者であるタリバンが消え去ると、箍が外れ、役人らも好き勝手放題やるようになった。タリバン時代には、一時的に秩序の回復が見られたが、タリバンが去り新政権が成立すると、腐敗が蔓延する元の状態に戻ったということである。

カルザイ大統領の実弟アフマド・ワリ・カルザイ・カンダハル州議会議長はカンダハル州の実力者であるが、麻薬取引の元締めであるということが公然の秘密となっている。二〇〇七年一〇月一八日付『ニューヨークタイムズ』紙は、「アフマド・ワリ・カルザイは、麻薬取引に関わっていると一般に広く認識されている」と報じている。当然ながら、カルザイ大統領自身は、弟の麻薬疑惑を否定しているが、それが事実であるか否かにかかわらず、皆がそのように信じていること自体が深刻な問題である。アフガニスタン国民の多くは、一部の者、特に政府の役職にある者たちが、特権を濫用し、甘い汁を吸っている、という不満を持つようになっている。

二〇〇八年一月、カルザイ大統領は『ワシントンポスト』紙とのインタビューで腐敗問題について聞かれ、「腐敗をなくすためには、犯罪を取り締まるように取り組むだけではうまくいかない。行政、人的資本、人的資源、技能、警察、法執行、法整備などの面でアフガニスタンの水準を高めなければならない。言い換えると、社会全体があらゆる面で現在の脆弱な基盤から将来の強固な基盤に向けて成長しなければならない。そうなれば腐敗を根絶できる」と答えている。腐敗のない将来に向けて努力していくという決意は感じられるが、「現状ではどうにもならない」というようなあきらめにも聞こえる発言であった。

2　統治システムの欠如

根強い部族の伝統

長年にわたる内戦のため事実上無政府状態であったアフガニスタンで、良い統治システム（ガバナンス、統治能力）を作ろうとしても、ゼロから組み立てなければならず、気が遠くなるような課題である。そのような国の安定を達成することは容易ではない。

アフガニスタン、特にパシュトゥン人居住地域の多くは部族社会である。人口の面では、パシュトゥン人は世界最大の部族社会を構成していると言われている。

アフガニスタンは、一九七九年のソ連による侵攻以来の混乱、それに続く内戦、そして事実上の無政府状態といった経緯をたどってきたが、各地域をよく見ると、多くの場合、決して豊かではなく、軍閥が幅をきかせていたかもしれないが、それでも、ある程度の秩序が保たれ、社会や住民の生活が成り立っていた。これは中央政府による統治がなくとも、部族がそれぞれの地域を治めていたという事情によるものである。

そのような中央政府の影響力の及ばない、部族による統治が長年続いていた。部族の伝統、しきたり、慣習といったものは何世紀にもわたり、あまり変化することなく、受け継がれてきた。そうした部族社会では国家や政府の権威、権力を確立することはもともと難しい。とりわけ、タリバンが勢力を伸ばしているアフガニスタン南部地域は部族社会の性格が強い。

ところが、内戦が終わり、新たな憲法が定められ、中央政府が地方に権威を及ぼし、支配しようとするが、多くの住民にとっては、それは馴染みの薄い、目新しいことである。新政府の下では、これまで慣れ親しんでいる伝統、習慣の一部を捨てることになるが、住民の意識はそう簡単には変えることができない。

政府が無理に部族の伝統を変えようとすれば、住民の反発を招くことになりかねない。そうなれば、むしろそうした伝統を重んずるタリバンに支援が向かう恐れもある。タリバンの中心的な教義である「イスラム原理主義」というのは、「部族の伝統」が加味されており、その意味では他国のイスラム原理主義の考え方とはやや異なる面もある。

見方を変えれば、タリバンの考え方は、イスラム法を厳格に適用すると同時に、近代国家の下での社会の発展を否定し、昔ながらの伝統を墨守する、ということである。こうした考え方については部族の人々から根強い共感がある。

一九九四年にタリバンが現れた当時は内戦で秩序が乱れ、パシュトゥン人たちが心安らかに伝統的な生活を営むことができなかった。タリバンが秩序を回復し、パシュトゥン人の伝統を復活させたので、パシュトゥン人たちは少なくとも始めは大喜びした。今や政府はタリバンなどの反政府勢力の活動を抑えることができないため、南部を中心に再び、秩序が乱れつつある。人々は現政権に失望し、場合によってはタリバンに再び期待するようになる恐れがある。

部族社会の近代化?

アフガニスタン問題への取り組みに関して、タリバンの復活と連動して、国際治安支援部隊（ISAF）を主導するNATOの加盟国を中心に、軍事作戦だけではなく、開発など民生面での支援を含む、「包括的アプローチ」をとる必要性が強調されるようになっている。その際、「開発を与えれば、人々は連合軍や政府を支持するようになる」「貧しいとタリバンを支援してしまう」、あるいは「部族社会が諸悪の根源であり、開発を与えて部族社会から近代国家の社会に発展させることがアフガニスタン問題の解決法である」という類の主張が聞かれるが、やや注意を要する。

人間誰しも生きたい、豊かになりたいと思うのは事実である。しかし、政府の権力が部族社会に入り込み、住民が部族の伝統、慣習に従って生きることができなくなると政府に反発し、タリバンを支持するようになる、という、予想とは正反対の効果を生み出す可能性もある。例えば、女性の扱いについては難しい問題が生じる可能性がある。

一九一九年にアフガニスタンの国王に即位し、直ちに英国と第三次英・アフガン戦争を戦い、アフガニスタンの完全独立を勝ち取ったアマヌラー王はアフガニスタンの近代化と遅れていた社会の改革を進めたことで知られている。そうした急進的な改革は結局、国内の反発を招くことになり、反乱が生じ、アマヌラー王は退位を余儀なくされることになるが、なかでも反発が強かったのが女性の権利向上や女子の教育に関する政策であった。アマヌラー王が訪欧した際にソロヤ王妃がヴェールを着用していなかったことに対し多くの国民が憤慨した。アフガニスタンは極めて保守的な社会であり、開発に伴い自分たちの慣習が崩れることになれば、多くの国民は反発することになる。

なお、憲法上、そして制度上も国家権力や法律ではなく、部族の慣習が適用されることが認められている、という世界でも非常に珍しい地域がある。それは、アフガニスタンから国境を越えたパキスタンの「部族地域」（連邦直轄部族地域ＦＡＴＡ）である。パシュトゥン人はアフガニスタンとパキスタンの国境を跨いで存在するが、たまたまパキスタン側で生活する部族は自らの慣習を維持することが許されている。パキスタンの「部族地域」については第9章で詳述する。

「名誉のための殺人」

部族の伝統の一例として、「名誉の（ための）殺人」がある。

二〇〇五年四月、バダクシャン州で一人の二〇代の女性が姦通罪により、この女性の家族自らの手により公開で処刑されるという事件が発生した。イスラム法では、姦通罪は「石打ち刑」となっている。家族に恥をもたらしたので、家族（この事件では、女性の父親）が自ら「処理する」というのは名誉を重んじる部族の「掟」である。

アフガニスタンでは新しい憲法が成立し、女性は男性と等しい権利が与えられ、公正な裁判も保障されている。部族の内部で勝手に処刑するなど許されるものではない。しかしながら、内戦で警察、裁判所、検察などいずれもゼロから構築しなければならないため、アフガニスタンの広い地域ではいまだに部族の慣習が続いていることをこの事件は示している。

このような「名誉の（ための）殺人」はなかなか表に出ないだけであり、部族社会では広く行われているると見られている。

我々日本人にはわかりにくいが、部族社会の女性についての考え（それはすなわち、タリバンの考えでもある）は、女性は大事なもので、保護しなければならず、そのためには女性を隔離する必要がある、というものである。基本的に外出を伴う就労は認められない。もし、そのように大事にしている女性（娘、妻、姉妹）の貞節が疑われるのであれば、その保護者（父、夫、兄弟等）が自ら処刑しなければならない、ということになる。つまり、不思議に思えるが、女性を大事に守ることと、「名誉殺人」で処刑することは、表裏一体である。

二〇〇六年九月にアフガニスタン独立人権委員会は、二〇〇六年始めからその時点までで一八五人の女性が身内の手により殺されている、しかもこの数字は前年を上回っていることを明らかにした。これは、アフガニスタン独立人権委員会が把握している数字であり、実際にははるかに多いと推測される。この「名誉のための殺人」という慣行はアフガニスタンに限られるものではなく、他の一部のイスラム教国にも残っているようである。国連は世界中で一年間に約五〇〇〇人の女性が家族により「名誉のための殺人」で殺されている、と推計している。

長期にわたる民主主義に向けての取り組み

アフガニスタン政府が外国からの支援も得て、部族の習慣に基づく支配ではなく、法治国家として生まれ変わろうとしても時間がかかる。ブッシュ大統領自身、「アフガニスタンでの民主主義の実験が機能するようになるには時間がかかる」（二〇〇七年一二月二〇日記者会見）、「アフガニスタンは民主主義に向け取り組んでいるが、簡単ではない。一夜にして実現できるようなものではない」（二〇〇八年一月三一日）と述べており、アフガニスタンの社会を変えていくことの困難さに理解を示している。

一般に、欧米諸国など部隊をアフガニスタンに派遣している国の国民は、派兵の成果をすぐにでも見たいと考えがちである。人々はアフガニスタンが安定するという目的を達成した上で、できるだけ早急に、そうした軍隊を帰国させるべきだと考えるであろうし、実際に、必要以上に外国軍がアフガニスタンに駐留することについてはアフガン国民の反発もある。ブッシュ大統領がアフガニスタンに民主主義が根付くまでには時間がかかると繰り返し発言していることは、アフガニスタンの安定のための支援は人々が期待するよりも長期間にわたる可能性があり、軍のアフガニスタンでの任務についても短期間では終わらない可能性があることについての理解を求めようとしているというようにも聞こえる。

3　警察の再建問題

アフガニスタンは内戦により、政府の機能は破壊し尽くされていた。国家として基本的な機能である、警察などの治安を守る機構もゼロから構築する必要があった。タリバン政権崩壊後、早急にアフガニスタン政府の治安機関を再建しなければ、タリバンの軛から解き放たれた軍閥たちが再び跳梁跋扈するようになることを意味した。

二〇〇一年一二月にボン合意が成立した後、G8諸国がアフガニスタンの治安分野の改革について議論を行い、分野ごとに主導国を決めた。日本は国連（国連アフガニスタン支援ミッション、UNAMA）とともにDDR（武装解除、動員解除、社会復帰）を担当することとなった。警察の再建についてはドイツが担当することとなった。ドイツはアフガニスタンにソ連が侵攻する以前にアフガニスタンの警察支援を行っていたという歴史的経緯があるため、再び警察の支援を申し出た。二〇〇七年六月には、ドイツの警察再建プロジェクトはEUが欧州安全保障・防衛政策（ESDP）の下で取り組むこととなった。

ドイツの警察再建の取り組みは、警察学校の再建や制度面での改革などに重点が置かれ、短期間のうちに一般国民にとって警察官が治安を守ってくれるようになったと感じるようにはならなかった。EUに引き継がれた後も、スタッフの数、必要な機材等が十分ではなく、警察の再建は人々の期待するペースでは進展しなかった。*

＊ ドイツは警察再建のため約五〇人の要員を派遣した。EUが引き継ぎ、二〇〇人弱の要員派遣を行うこととなったが、約五〇〇名の要員を派遣している米国に比べれば、規模は小さい。

二〇〇七年一二月、ゲイツ米国防長官は下院軍事委員会の公聴会で「欧州による警察訓練の取り組みは失望させられるものであった」と証言している。そのため、米国は欧州に任せるだけではなく、自らも警察支援に乗り出すようになった。

米国は軍事行動によりテロを掃討しても、その後、警察などのアフガニスタンの治安機関が治安を維持しないとタリバンなどの反政府勢力が活動するようになるなど、「テロとの闘い」で後退してしまうことに気づくようになり、警察支援をとりわけ重視するようになった。米軍やＮＡＴＯによる軍事作戦でテロを掃討し、その後、その地域の治安を警察が担当する、という発想である。

さらに、アフガン国民に対しアフガン新政府の存在、統治能力を示す必要もあるため、できるだけ早期に警察官を現場に配置することが求められた。このため、米国は数百人のトレーナーを送り、短期間の簡単な訓練を施し、多くの警察官を各地に配置するようになった。そうなると、警察官の「質」はどうしても低くならざるを得なかった。

警察官の中にタリバンなど反政府勢力と通じている者もいるのではないかと疑われるケースも見られるようになった。警察官の給料が安い上、その給料支払いが滞ることもあり、それが原因で警察官を辞める者たちも多数出るような状態であった（反政府勢力に「カネ」で釣られて内通するケースもあると見られている）。

腐敗した警察

アフガニスタンでは、伝統的に、軍隊は規律が保たれ、質が高く、国民からの尊敬も受けてきたが、警察の質はよくないといわれている。職務放棄（脱走）、備品窃盗、縁故主義、タリバンへの内通などアフガン警察には腐敗が蔓延している。バウチャー米国務省南・中央アジア担当次官補は二〇〇八年一月に上院外交委員会において、「アフガニスタンの現場で警察を訓練している者たちは、兵士を訓練するより警察の訓練の方が難しい、なぜなら警察官は悪いシステムに慣れているからだと言っている。……短期間の訓練でできるだけ早く警察官を現場に出したことは短期的には正しかったが、長期的には誤りであった。そのため十分な訓練を受けた警察官がいない。しかし、できるだけ早く警察官を配置してほしいという要請にはこたえることになった」と証言している。

二〇〇八年三月の国連事務総長報告は、アフガニスタン国家警察の改革の遅れを指摘し、「腐敗は依然として重要な問題である」と述べている。カルザイ大統領自身、「警察の問題については承知している」（二〇〇八年六月、ドイツの『シュピーゲル』誌とのインタビュー）と述べ、改革の必要性を率直に認めている。日々住民と接する警察が腐敗しているという事実は政府への信頼を失わせることになるため、深刻な問題である。

アフガニスタンでは警察官一人ひとりの資質や能力の問題に加え、警察が組織として不正を働いていることも広く知られている。例えば、実際に存在する警察官の数よりはるかに多い数の警察官がいることにして、その人数差の分の給与が警察関係者などのポケットに入っているようなことがしばしば指摘されている。

二〇〇八年三月の国連事務総長報告は、「二〇〇七年八月と九月に行われたアフガニスタン国家警察の人数調査により、現場に配置されている実際の警察官の数と給与支払い名簿に掲載されている人数の間に大きな開きがあることが発見された」と述べている。

二〇〇八年四月二四日付の米国『ニューヨークタイムズ』紙の記事では、ワルダック州で、警察官が一一〇〇人存在することになっているので政府がその人数分の給料を支払っていたところ、よく調べたら、実際の人数は半分以下の四〇〇人しかおらず、その人数差分の給与は地方政府の役人のポケットに入っていたという具体的な例を紹介している。

このようにアフガニスタンでは、構造的、制度的に警察組織がしっかりしておらず、その再建も容易ではなく、時間もかかる。警察の再建はアフガニスタンの国づくりでもっとも困難な課題の一つである。そのため、残念ながら、住民たちはタリバンの脅威を前にして安心して政府を頼りすることができない。アフガニスタンでは警察は住民を守る、というより、住民から略奪する、「問題を解決する」より「問題を引き起こす」存在、と認識されることもしばしばあるようである。

筆者が実際に経験したことであるが、あるときアフガニスタンであるアフガン人の友人と話をしていると、近所で強盗が入った、タリバン時代より治安が悪くなったので困っている、という。そこで、筆者は、単純に、「それなら、なぜ、警察に届けないのか」と訊くと先方は、「警察が最も信用できない。彼ら自身が強盗をはたらいているから」という答が返ってきたことがある。このような住民の警察への信頼の欠如、ひいては政府への幻滅は、タリバンなどの反政府勢力を利することになる。

「国境なき医師団」の撤退

二〇〇四年六月、アフガニスタン北西部のバドギス州で医療援助団体「国境なき医師団」のスタッフ五名（ベルギー人、オランダ人、ノルウェー人各一名、アフガニスタン人二名）が何者かに殺害された。タリバンが犯行声明を出し、彼らは「米国のスパイ」のため殺害された、これからもこのような攻撃は続くと述べた。

この事件が本当にタリバンの犯行によるものなのか、犯行グループの正体はよくわからないが、アフガニスタン政府はこの事件は軍閥の指導者によるものであると「国境なき医師団」に伝えた。それにもかかわらず、アフガニスタン政府は、その軍閥を拘束しようともしなかった。

こうした政府のいい加減な対応や人道援助関係者が反政府勢力の標的になっているという事実に鑑み、翌月の七月に「国境なき医師団」はアフガニスタンから撤退することを発表した。

「国境なき医師団」は一九九九年にそれまでの二八年間にわたる人道援助活動が評価されノーベル平和賞を受賞している。アフガニスタンでもソ連侵攻後の一九八〇年から内戦の間、ほとんど中断することなく二四年以上にわたり人道支援活動を行ってきた。世界各地の厳しい紛争地域でも活躍している「国境なき医師団」が、内戦が終了したにもかかわらず、アフガニスタンからの撤退を余儀なくされることは、非常に衝撃的なことであり、アフガニスタンの治安状況がかなり悪くなっていることを示すと共に、政府がまともに機能していないことを示している。

タリバンによるアフガン国民の恫喝

タリバンが復活しつつあるという現象は、その裏返しとして、アフガニスタン政府が弱体であることを示している。もし、警察、軍などの政府の治安機関がしっかりしていれば、タリバンがアフガニスタン国内で自由に活動することはできないであろうし、住民たちもタリバンを見つければそれを治安機関に通報するといった協力をするであろう。住民がタリバンへの支援を強要されるようなことがあっても、そうした求めを拒否し、警察等に通報するだけであろう。

しかしながら、現実はそのような状態からは程遠い。アフガニスタンの治安機関は再建途上にあり、国際社会による懸命の支援にもかかわらず、住民に安全、安心を提供できるようになっていない。アフガニスタンの軍や警察は事実上、内戦で破壊されてしまっているので、制度自体を創設しなければならず、息の長い取り組みである。

タリバンは活動を活発化させ、活動範囲を拡大していくにつれ、住民の協力を求めたり、あるいは、少なくとも住民がタリバンに敵対するアフガニスタン政府や外国軍に協力することのないよう、住民を脅す例が目立ってきた。その際に用いられる手法は、かつてタリバンがアフガニスタンを支配していた時にアフガン国民を恐怖に陥れた手法と同様であり、首を切る、あるいは、無残に「処刑」した後に死体を見せしめのために木などに吊り下げてさらす、といったものである。そのように「処刑」された遺体には、「米国へのスパイを働いたから処刑した。同じようにスパイ行為を働けば同じ目に遭う」といった内容のメモが置かれていたりした。

タリバンの「処刑」の対象になる者はさまざまであるが、政府や連合軍に協力した（と疑いをかけられた）者、学校、特に女子生徒がいる学校の教師などの関係者、警察官など治安機関や政府関係機関に勤務する者、外国NGOに勤務する者、さらには、人質として捉えられた後に斬首される例などが目立つ。そうした残酷な処刑の例を目にした、あるいは、話に聞いた住民たちは、タリバンへの恐怖心からタリバンに従わざるを得ないと感じた。タリバンはそうした「処刑」の様子を撮影し、DVDの形で広く配布するようなことも行った。とりわけ、ムラー・ダードゥラー司令官は好んで首を切ったことで有名であり、同司令官のDVDが広く出回っていた。

なお、ムラー・ダードゥラー司令官は一〇名からなるタリバン最高評議会のメンバー（すなわち、タリバン最高幹部）の一人であり、タリバンの司令官の中でもとりわけ残忍であった。タリバンの宣伝用のＤＶＤに登場することはもちろんのこと、カタールの衛星テレビ「アル・ジャジーラ」のインタビューを頻繁に受けるなど、マスコミにもたびたび登場し、タリバンの「顔」であった。

ダードゥラーの自信に満ちた表情と雄弁な語り口は「タリバンの復活」を象徴するかのようであった。また、ダードゥラーはタリバンの戦闘にあたり実質的には最高司令官であり、また、その他の武器調達活動や資金集めも指揮するなど、タリバンの復活に重要な役割を果たしたと言われている。多くの自爆テロリストがダードゥラーにより訓練され、天国に行けるなどと洗脳され、戦場に送り込まれた。

米軍らが必死にダードゥラーの居場所を探してもなかなか見つからないのに、マスコミがインタビューをしようと思うと、比較的簡単に応じるなど、米軍にとっては全く不愉快な人物であった。ダードゥラーの表情は、「捕まえられるものなら、捕まえてみろ」と言わんばかりであった。二〇〇七年五月に、ようやくダードゥラーはアフガン国軍及びＮＡＴＯの合同軍により、殺害された。

二〇〇六年一二月、カンダハル州で地元住民二六人がタリバンにより処刑されるという事件が発生した。複数の者が処刑される例は全然珍しくないが、二六人まとめてというのは、異例であった。首を切り落とされた遺体が木から吊るされ、その遺体には手紙が残されていた。その手紙には、「連合軍に協力する者、人道支援物資の配給に協力する者は殺害する」という「お決まり」の文言に加え、「これらの遺体を埋葬しようとするものも殺害する」とも記されており、地元住民は恐怖のあまり、二六人の遺体をそのまま放置せざるを得なかった。タリバンにしてみれば、住民に最大限の恐怖心を植え付けるため、なるべく見せしめの効果を持たせたかった、ということであろう。このように住民に恐怖を抱かせるようにするという行為はタリバンの常套手段でもある。

一九九八年八月にタリバンがマザリシャリフで住民の虐殺を行った際にも、タリバンは遺族が遺体を埋葬するのを禁止し、遺体をそのまま放置して置くように命じた。そのため数日にわたり、マザリシャリフの住民は遺体や血痕が散乱したままの酸鼻の極みの中での暮らしを強いられた。ようやく野良犬が遺体を食べるようにまでになり、タリバンは埋葬を許した。

二〇〇七年一〇月には、ヘルマンド州においてアフガン政府や外国政府の「スパイ」を働いたという理由でタリバンに「処刑」された一五歳の少年の遺体が電柱から吊り下げられているのが発見された。少年の遺体には、メモが置かれ、同じようにスパイ行為をすれば、同じ目に遭うと記されていた。

こうした例に見られるように、タリバンは頻繁に処刑した遺体を吊り下げ、見せしめにした。一九九六年にタリバンがカブールに「無血入城」した際、その日のうちに真っ先に行ったことは、共産主義政権のナジブラ元大統領の殺害、そしてその遺体を交通監視塔から吊るし、カブール市民に見せしめにすることであった。タリバンの残忍な手法は昔と変わっていなかった。そうしたタリバンの残虐行為を目の前にして、人々はタリバンの復活を感じ取った。

4　麻薬問題

けし栽培

アフガニスタンは国民所得、識字率など、基本的な統計数字を見ると、世界中で最下位付近にランクされるが、アヘンやヘロインの原料である「けし」の栽培などについて見てみると世界で断然トップである。

国連の調査によると、アフガニスタンにおける二〇〇六年のけしの生産量（推計）は六一〇〇トンで、世界の九二％を占める。前年の約一・五倍増である。二〇〇七年はさらに増加し、八二〇〇トン、前年比三四％増、世界に占める割合は九三％である。同じく、国連の推計では、二〇〇七年にはアフガニスタンの全人口の一四％がけし栽培にかかわり、けし栽培農家がけし栽培から得る収入は国内総生産（ＧＤＰ）の一三％を占めている。けしの栽培だけでなく、アフガニスタン国内のヘロイン製造工場も増加している。

二〇〇六年の国連の推計では、アフガニスタンでのけし生産から得られる収入のうち、けし栽培農家が得ている収入は二四％、残りの七六％が麻薬密売業者（ヘロイン製造業者を含む）の収入となっており、けし栽培農家の取り分が非常に少ないことが窺われる。

カルザイ大統領は、「我々がけしを破壊するか、けしが我々を破壊するかのどちらかだ」と繰り返し言っているが、それほど、アフガニスタンの麻薬問題は深刻である。米中央情報局（ＣＩＡ）のマイケル・ヘイデン長官は、「イラクとアフガニスタン（の安定化努力）の最大の相違は、アフガニスタンの麻薬問題である」（二〇〇八年二月、米上院証言）と述べている。

アフガニスタンでけし栽培が増加するという事態は、その取締りが行われていないということであり、政府の統治（ガバナンス）能力の欠如、腐敗がいかに深刻な問題になっているかを端的に示すものであった。こうした麻薬の現実を見ると、米国をはじめとする外国が軍事面で積極的に支援しても、一般国民のけしの栽培をやめさせられないような政府が果たして武装勢力を打ち負かすことができるであろうか、という疑問を抱かざるを得なくなる。

かつてタリバンがアフガニスタンを支配していた時代に国際社会からの圧力を受けて、「イスラム教の教えに反する」としてけし栽培を禁止したことがあった。このため二〇〇一年のアフガニスタンのけしの生産量は前年比九四％減の一八五トンであった。二〇〇七年のわずか二％程度である。

他方で、カルザイ政権の下では、けし栽培は減少するどころか、逆に急増している。こうした数字だけ見ると、現在のアフガニスタン政府は、タリバンが実行できたことすら全くできていない、その統治能力はタリバンより、かなり見劣りする、ということになる。

麻薬産業

国連薬物犯罪事務所（ＵＮＯＤＣ）と世界銀行が二〇〇六年一一月に発表した「アフガニスタンの麻薬産業」という報告書によれば、けしはアフガニスタンの最大の輸出品であり、アフガニスタンのアヘン産業はアフガニスタンの合法活動によるＧＤＰの三六％を占める規模になっていると見積もられている。これは尋常ではない数字であり、アフガニスタン社会の麻薬問題の深刻さを示している。

貧しくて他に生活の糧のない農民たちにとっては、けし栽培は悪いことだとわかっていてもやめるわけにはいかない。他の作物と比べると、けし栽培は儲かるし、けしを育てるのに必要となる水の量も少ないため育てやすい。旱魃のため他の作物が枯れても、けしだけは育つということもある。

政府がたんにけし栽培を禁止しても効果は期待できない。それに代わる生計の手段を与える必要がある。麻薬に代わる作物として例えば小麦が提案されているが、ある推計では、単位面積当たりの収入で見るとけしの一〇分の一にも満たないと見られている。二〇〇七年ごろから国際的な小麦価格の急騰が話題になっているが、それでもけし栽培に代わるほどの魅力はない。これではなかなかけしの栽培をやめようということにはならない。

農家にけしを栽培する意思があれば、けしの買取人から比較的容易に現金を借りることができ、それを元に種や肥料を購入できる。そうした融資は他の作物の場合は容易ではない。もし、何らかの事情で借金を返済できなくなれば、場合によっては、娘を差し出すようなことが行われている。

二〇〇八年三月の『ニューズウィーク』誌はそのように引き渡される少女の記事を載せている。その記事で紹介されている話では、あるけし栽培農家が麻薬密売人から、収穫時に二四キロのアヘンを引き渡す約束で二〇〇〇米ドルを借金した。ところが、政府の麻薬撲滅措置により、けしが破壊されてしまった。そのけし栽培家族は、部族評議会に申し立てたところ、部族長老たちは、九歳（あるいは一〇歳）の幼い娘をその密売人に差し出すことにより、借金を清算することを決定した、ということである。記事でも指摘されているが、このように借金を返済できないために、代わりに娘を差し出すことはいまだにアフガニスタンの田舎では見られる。

麻薬と武装勢力

タリバンは政権の座にあり麻薬を禁止した当時とは立場を変え、麻薬密輸業者らと結託するようになり、けし栽培から利益を得るようになったと見られている。

米国のマコネル国家情報長官は二〇〇八年二月に上院特別情報委員会に提出した書面による証言で、「けし栽培地域で活動するタリバンや他の反政府勢力は、地元のアヘン密売業者とのつながりの結果、少なくとも資金的な支援を受けている」と述べている。同月、マクニール国際治安支援部隊（ＩＳＡＦ）司令官は、「タリバンなどの反政府武装勢力は活動資金の二〇～四〇％をけし栽培から得ている。これは控えめな見積もりであり、恐らく、ずっと高い数字、六〇％くらいかも知れない」と述べている。

二〇〇八年六月、国連薬物犯罪事務所（ＵＮＯＤＣ）のアントニオ・マリア・コスタ事務局長は英国放送協会（ＢＢＣ）とのインタビューで、タリバンは二〇〇七年にけし栽培農家から推定一億ドルを得ている、と述べた。同事務局長によれば、タリバンは支配地域のけし栽培農家に一〇％の税金を課している上、麻薬精製所やけし運送の「用心棒代」で収益を得ている、という。

麻薬密輸業者にとっては、アフガニスタン政府が安定し、治安が回復するようになると、麻薬ビジネスがやりにくくなる。そのため、麻薬ビジネスにかかわる者たちは、アフガニスタンが無秩序であることを望んでおり、タリバンをはじめとする反政府武装勢力へ資金援助を行うインセンティブがある。タリバンにとっても麻薬は資金源として重要である。タリバンと麻薬業者は双方とも協力関係に利益を見出している。

このように麻薬問題は、治安が良くないことの原因でもあり、結果でもある。早急に解決しなければならない。

くつろぐ米軍兵士（ザブール州カラート付近で、2002年12月）

5　連合軍による過ち

地元住民の反発

二〇〇一年末にボン合意が成立し、タリバン政権が崩壊した際、長年にわたる戦乱に苦しみ、「生き地獄」の中にいたアフガン人たちは平和をもたらしてくれた米軍などの連合軍に大いに感謝し、歓迎した。多くのアフガン人は、アフガニスタンの内戦中、国際社会がアフガニスタンの悲惨な状況に十分な注意を払わず、アフガン人を見捨てたために戦乱が果てしなく続いていたと感じており、国際社会、それを象徴する連合軍（以下、本節では、「不朽の自由作戦」（ＯＥＦ）の連合軍と国際治安支援部隊（ＩＳＡＦ）をまとめて、便宜的に「連合軍」と呼ぶこととする）にはアフガニスタンを再び見捨てることはせず、とどまって欲しい、と願った。

しかしながら、連合軍による、アフガニスタンの文化、伝統、慣習を無視した振る舞い、あるいは誤爆による住民への被害など、いくつかの不適切な行動により住民の反感が徐々に広がっている。

例えば、個人的な恨みや部族間の抗争のために、住民が対立する相手に関する誤った情報を連合軍に伝え（例えば、「あいつらはタリバンだ」などと密告する）、連合軍がそうした情報に基づいて軍事行動を行うことがしばしば見られる。あるいは、強引な家宅捜索、とりわけ夜間にそうした家宅捜索を行う、そして女性を含め住民の身体検査を行う、といったことのために、地元住民の反発を買っている。

アフガニスタン南部では、タリバンと連合軍（及び連合軍と作戦を共にするアフガン国軍）が戦闘を繰り広げているが、筆者がそこの住民から直接聞いた話では、アフガニスタン南部の住民にとっては、タリバンも連合軍・アフガン国軍も、等しく「侵略者」であり、連合軍だからと言って、あるいはアフガン国軍だからと言って、住民を守ってくれる、住民の「味方」である、という認識は全くないようである。第7章で詳述するが、南部住民たちは、内戦終了後のボン合意に基づく国家再建プロセス（ボン・プロセス）からは除外されていると感じており、このボン・プロセスの下で成立したカルザイ政権については、そもそも自分たちの政府ではなく、外国の支援を得た少数民族たちの政権、あるいは外国の傀儡政権、というように認識している。そうした政府が「国軍」と称して軍隊を派遣しても、南部住民からは歓迎されていない。

いつ、どこでタリバンから自爆テロを含む攻撃を受けるかも知れない連合軍や国軍は、南部では「住民を見たらタリバンを疑え」と言わんばかりの行動をとっており、場合によっては、無実の住民を問答無用で射殺するようなことも起きている。政府や連合軍に対する住民たちの信頼は失われる一方であるという。

また、品のない話で恐縮だが、パシュトゥン人の男は小用をたす際、しゃがんでする。連合軍兵士たちはそうした地元の習慣を知らず、あるいは無視して、堂々と立小便をしている。これは、アフガニスタンでは、絶対にご法度であり、地元住民には強烈な嫌悪感を与える。そうした反連合軍感情は、国際社会を後ろ盾とするカルザイ政権批判にもつながり、やがてその一部はタリバンなどの反政府勢力への支持に発展することが懸念されている。

タリバンによるプロパガンダ

タリバンは、連合軍を「占領軍」と呼び、米軍などの連合軍がイスラム国家アフガニスタンを「占領」している、そしてその「占領軍」が住民の虐殺をしていると主張している。それ故、「占領軍」はアフガニスタンから撤退せよ、と要求している。連合軍が誤爆などを起こすと、タリバンはそうした事件を取り上げ、異教徒の連合軍が罪のないアフガン人を殺害していると宣伝している。

さらに、タリバンは連合軍を「十字軍」とも呼び、「十字軍」がイスラムの文化や価値を破壊しており、この「十字軍」を撃退することはイスラム教徒としての義務であるとも呼びかけている。後述するが、米軍を「十字軍」と呼ぶことは、アル・カーイダが好んで用いる表現であり、こうした言い回しにタリバンへのアル・カーイダの影響が見て取れる。タリバンは、住民から連合軍を離反させ、住民たちが連合軍を敵視するように仕向けるプロパガンダ作戦を展開している。

タリバンが住民たちにメッセージを送る効果的な手法として「夜の手紙」を使うことはすでに述べた。そうしたメッセージには「米軍（及びその傀儡であるカルザイ政権）に対して立ち上がれ」という呼びかけ（脅迫）が多く見られる。アフガニスタンは極めて保守的なイスラム教の国であるため、「聖戦」だとか、「イスラム教徒としての義務」であるというように人々の宗教意識に訴えると、それなりの説得力を持つことになる。イスラム教の指導者である「ムラー」たちの集団であるタリバンがそうしたイスラム教徒としての義務を説くわけであるから効果的である。

イスラムの教えでは、イスラムの土地を占領する異教徒たちからの解放をめざす戦闘（「防衛ジハード」）に参加することはイスラム教徒の義務である。タリバンが「異教徒である米軍らがアフガニスタンを占領している。イスラム教徒の義務として、防衛ジハードに立ち上がれ」と呼びかけると、それなりに共感を覚えるものも多数現われる恐れがある。

アフガニスタンがいかに保守的なイスラム教の国であるかは、例えば、二〇〇五年五月に『ニューズウィーク』誌がアル・カーイダやタリバン兵士らを拘束しているキューバのグアンタナモ米軍基地で米軍関係者がイスラム教の聖典であるコーランをトイレに流したと報じた事件、二〇〇五年九月にデンマークの新聞に預言者ムハンマドの風刺漫画が掲載された事件、二〇〇八年三月にオランダで反コーラン映画「ＦＩＴＮＡ」の放映がウェブサイトで開始された事件などの際のアフガニスタン国民の反応を見れば容易に理解できる。こうした事件では、イスラムへの侮辱であるとしてイスラム諸国で抗議デモが発生したが、最も激しく反応した国の一つがアフガニスタンであった。「ＦＩＴＮＡ」事件では、首都カブールでアフガン女性による抗議行動があり、彼女たちはオランダとデンマーク（デンマークの新聞は二〇〇八年二月にムハンマド風刺漫画を再掲載していた）の軍はアフガニスタンから出て行くように要求した。

二〇〇八年五月には、イラク駐留の米軍兵士がコーランを射撃訓練の標的にしていたことが判明し、イスラム教徒の反発などを懸念したブッシュ大統領がマリキ首相に謝罪するという事件が発生したが、この件で大騒ぎになったのはイラクでもなければ、他のイスラム国でもなく、アフガニスタンであった。抗議デモが過激化し、リトアニア兵士一名に加え、アフガン人市民少なくとも二名が死亡した。

このように九九％の国民がイスラム教徒であり、イスラム色の極めて強いアフガニスタンにおいて「イスラム」に訴えることは非常に効果的であるし、アル・カーイダの掲げる「グローバル・ジハード思想*」にも反応しやすい。「十字軍」という言い回しに見られるように、タリバンがグローバル・ジハードの影響を受け、「イスラム（アフガン国民）対米軍（連合軍、傀儡政権）」という図式を作り上げようとしていることには注意を要する。

＊　グローバル・ジハード思想とは、確立した定義はないが、イスラム世界は欧米・ユダヤの「十字軍勢力」によって「侵略・抑圧」されているとの認識の下、イスラム世界を守るため、場所の如何を問わず「十字軍勢力」の権益を打倒しなければならないとする思想と捉えることができる。

連合軍が、「解放軍」としてアフガン国民から歓迎され続けるか、それとも、「占領軍」「十字軍」として反発を受けるようになるかは、今後、「テロとの闘い」や「アフガニスタンの安定」が成功するか失敗するかの重要な鍵である。

二〇〇一年一二月の誤爆事件

ボン合意が成立したまさにちょうどその日の二〇〇一年一二月五日、ボン会合でアフガン新政権を率いることになったハーミド・カルザイはカンダハルで戦闘に従事していた。カルザイは米軍の特殊部隊と行動を共にしていたが、そこで米軍の誤爆にあった。カルザイ配下の兵士数名及び米軍の特殊部隊のメンバー三名が死亡、カルザイ自身も軽傷を負った。米国を含め関係者が苦労してボン合意をまとめ、カルザイ首班を実現したのに、その合意当日に危うくその努力が水泡に帰すところであった。

じつは、米国はカルザイをアフガニスタン新政権の首班に担ぎ出すにあたり、米国が裏で手を引いて、カルザイを指導者に据えたことが明るみに出るとアフガニスタン人の反発を招くことを懸念し、あくまでアフガニスタン人たちが自発的にカルザイを指導者として選んだ形にしたいと考えていた。この米国の「シナリオ」では、カルザイ自身は祖国にとどまって敵であるタリバンと勇敢に戦闘している、という演出も必要であった。そのため、カルザイ自身はボン会合には出席していないのである。*

＊　ボン会合での、アフガニスタン新政権の「首相」にあたる「暫定行政機構議長」の選出経緯については、拙著、『アフガニスタン祖国平和の夢』（朱鳥社）に詳述した。

しかし、米軍の誤爆事件により、カルザイは米軍と行動をともにしていることがバレてしまった。一部のアフガニスタン人からはカルザイは米国の「操り人形」というイメージを持たれるようになってしまった。

この誤爆事件があった二〇〇一年一二月時点では、交戦による米軍の犠牲者はまだ出ていなかったので、米軍にとっては自軍による誤爆の犠牲者の方が交戦による犠牲者より多かったことになる。味方の兵士も犠牲にしてしまうほどなので、米軍がいかに細心の注意を払っても住民等への誤爆は生じてしまう。「不朽の自由作戦」（ＯＥＦ）の開始直後から地元住民を巻き込む空爆は時折生じていた。

「不朽の自由作戦」開始と誤爆

二〇〇一年一〇月七日、米英軍によるアフガニスタン攻撃、「不朽の自由作戦」が開始された。タリバンは初日の攻撃により、二〇名の民間人が犠牲になったと主張した。この数字は確認する術がない。

その約一週間後の一〇月一五日には、マイヤーズ統合参謀本部議長は「一〇月一三日、カブール空港付近の標的を狙った爆弾がそれて、残念ながら民間人が巻き込まれた」ことを明らかにした。タリバンが民間人の犠牲が出たことを繰り返し主張しても、なかなか米軍は認めなかったが、この記者会見でようやくそうした被害が出たことを認めた。こうした誤爆の報道はその後も絶えることがなかった。

米国の『ロサンゼルスタイムズ』紙が報道をもとに推計したところ、二〇〇一年一〇月の空爆開始から、空爆がほぼ終了した翌年二月までの間の民間人の空爆による死者数は、一〇六七人から一二〇一名の間に上るという（二〇〇二年六月二日付『ロサンゼルスタイムズ』紙）。

この数字を大きいと見るか、小さいと見るか意見は分かれるであろう。大きいと考える読者の方が多いかもしれない。この記事では、「その数字は、それまでのアフガニスタンの内戦に比べれば非常に少ない数である。国際赤十字委員会によれば、一九九〇年代初めには、カブールでの内戦で五万人以上の民間人が犠牲になった。一九七九年三月のヘラートでのソ連軍による空爆では数日の間に約二万人の民間人が犠牲になった」等と付言している。

二〇〇二年七月一日、アフガニスタン南部のウルズガン州で米軍が大規模な空爆を実施し、民間人四〇人以上が死亡、一〇〇人以上が負傷する事件が発生した。空爆の対象になった場所では結婚式が行われており、地元の伝統に従い、祝砲として銃を撃ったところ、米軍が地上から対空砲による攻撃を受けたと勘違いしたのが原因ではないかと言われた。

この事件に対し、カブールでは約二〇〇名の市民による抗議デモが発生した。これまで米軍による誤爆の犠牲者の遺族らが、米国大使館に押しかけ、補償金を求めるようなことは見られたが、このときの抗議行動は、米軍がアフガニスタンで軍事行動を開始して以来、事実上初めての一般市民による反米抗議行動となった。このように米軍の空爆に一般市民が巻き込まれる例は、その後も、絶えることがない。

民間人の犠牲者数

米軍など連合軍による軍事行動で民間人が犠牲になる事件が頻発しているが、それでは一体、どれだけの数の民間人が犠牲になっているのかということになると、正確な数字は誰にもわからない。国際人権NGOヒューマン・ライツ・ウォッチ（Human Rights Watch）の二〇〇七年のアフガニスタン情勢報告では、「NATOや連合軍は三〇〇人以上の民間人を殺害した。ただし、西側諸国の軍が戦闘員と民間人の区別をつけることが難しいという状況に鑑みれば、この数字はより大きい可能性がある」と記述している。

タリバンが勢力を回復し、連合軍とタリバンの戦闘が増えれば、アフガン人が戦闘に巻き込まれるケースも増えてくる。タリバンは住民に紛れて攻撃を仕掛けたり、連合軍の攻撃から逃げる際に意図的に一般住民の居住地区に逃げ込んだりして、住民を巻き込もうとしている。住民を連合軍から離反させることはタリバンの戦略である。

アフガン人の不満は外国軍だけではなく、誤爆などを起こす外国軍の活動を許し、外国の支援を受けているカルザイ政権にも向けられている。そうした不満が高じれば、結局、アフガン国民はカルザイ政権への希望を失い、タリバンへの支援に向かう恐れがある。

二〇〇六年一二月、カルザイ大統領は連合軍による空爆でアフガン人の子供たちが犠牲になっていることを嘆き、声を詰まらせ、涙を流した。その表情は、悲惨な現状をどうすることもできないという無力感に包まれていた。二〇〇七年六月には、カルザイ大統領は記者会見で、NATOや連合軍の無差別かつ不正確な軍事行動により、過去一〇日間ほどで約九〇人の民間人が犠牲になったと指摘し、「民間人の死傷者が出るような軍事行動は、これまでも言ってきたとおり、受け入れられない。もはや、それは許されない」と激しい口調で批判した。こうしたカルザイ大統領の言動はほんの一例に過ぎない。

カルザイ大統領は、二〇〇一年末に内戦が終了した当時、「米軍などの軍事行動のおかげで、半永久的に続いていたアフガニスタンの内戦が終了し、平和が訪れた」と感謝の気持ちを表していた。当初、国際治安支援部隊（ISAF）の活動範囲が首都カブールとその周辺に限られていたが、その活動範囲を全国に拡大することを強く訴えたのもカルザイ大統領本人である。タリバンが外国軍のアフガニスタンからの撤退を要求した際にも、カルザイ大統領はアフガニスタンの平和、安定、復興のためには外国軍は必要であり、アフガニスタンが一人前の治安機関（軍や警察）を再建するまで、外国軍には駐留してもらいたいと述べていた。

アフガニスタンの平和を維持するはずの連合軍が無実のアフガニスタン人を殺傷するという矛盾、悲しい現実へのカルザイ大統領の苦悩が察せられる。連合軍の攻撃により民間人の犠牲者が出るたびに、カルザイ大統領は苦しい立場に立たされるが、カルザイ大統領の反応にもそれがよく現れている。

タリバン兵士の遺体を焼却

二〇〇五年一〇月、オーストラリアのテレビ局がアフガニスタン駐留の米軍兵士がカンダハル近郊で戦死した二名のタリバン兵士の遺体を焼いた上、拡声器で「タリバンよ。お前たちは、仲間の兵士が焼かれているのを放っておくような臆病な犬だ」などと言って、タリバンを挑発している映像を放映した。これが米軍によるイスラム教を冒涜する行為だとして大きな問題になった。

日本では遺体は通常、茶毘に付される。つまり、火葬されるため、日本人にとっては、タリバンの遺体を焼くことがなぜ悪いのかわかりにくいかも知れないが、イスラム教ではこれはご法度である。

イスラム教、キリスト教、ユダヤ教では、通常は遺体を焼くことはしない（ただし、最近では一部のキリスト教徒の間で火葬が行われることもあるようである）。そのままの姿で埋葬、つまり土葬するのが普通である。理由は、これらの宗教の考えでは、悪魔が神に敗れたときに、墓に埋葬された死者が復活し、あらためて神による「最後の審判」を受けて、神の国、つまり天国に行くか地獄に行くかを命じられる。そのために生前の姿をとどめていなければならない。火葬され、灰になってしまうと、復活の日に必要な体がなくなってしまい困るので、土葬が基本ということになる。そのため、遺体を焼いてしまうことはとんでもないということになる。

放映直後、米軍は「違法性の有無について捜査を開始した」と発表、米国務省の報道官も「これは深刻な問題だ。もし、事実ならば、非常に面倒な問題である」と懸念を表明した。カルザイ大統領も、「映像を見て驚いた」と述べ、本件について調査を命じたことを明らかにした。

翌一一月になり、米軍は兵士四名の懲戒処分を発表した。米軍の発表によれば、兵士たちは衛生上の理由から、遺体を焼却したものである、兵士たちはイスラム教では遺体の焼却を禁じていることを知らなかったので、遺体を冒涜する意図はなかったが、文化的宗教的理解を欠いていたため処分された、ということである。拡声器を使った兵士たちも懲戒処分される、と付言した。当時の気温は摂氏三二度であり、遺体は二四時間放置され、腐敗が進んでいたため、兵士たちは火葬することにしたということであった。

この事件は、懲戒処分の発表で一件落着した。同じ年の五月には『ニューズウィーク』誌が、アル・カーイダやタリバン兵士らを拘束しているキューバのグアンタナモ米軍基地で米軍関係者がイスラム教の聖典であるコーランをトイレに流したという記事を報じ、アフガニスタンで暴動が発生していた。この記事は後に誤報であることが判明したものの、デモ隊と警官隊の衝突により死者まで発生していた。

このコーランの一件は、イスラム色が強いアフガニスタンでイスラム教の冒涜が大問題に発展する可能性があることを示している。幸い、遺体焼却の件では心配された大規模な反米デモは生じなかった。しかし、宗教関係者がこの件で米国を批判するなどの反応が見られ、イスラム教徒一般の米軍へのイメージの悪化、米軍への支持の低下を招くことになった。

米軍車両による交通事故

二〇〇六年五月、カブールで米軍車両が交通事故を起こし、五名が死亡、数台の車が事故に巻き込まれた。事故を起こした車両は、巨大な軍用トラックであり、米軍当局の説明では、ブレーキが故障したということであった。

この事故の直後に、憤慨した市民たちが米軍車両に石を投げたりしていたところ、米軍兵士が威嚇射撃をし、この発砲に人々がさらに興奮するなど、騒ぎが徐々に大きくなり、大規模な反米暴動に発展した。デモ隊の一部は「アメリカに死を」と叫んでいた。中には無差別に銃を撃ったり、略奪をしたり、外国人の住宅や援助機関の事務所に押し入ったり、放火したりした者もいた。

この暴動を受け、内務省は夜間外出禁止令を発出した。この暴動で約二〇人が死亡、二五〇人以上が拘束された。二〇〇一年のタリバン政権崩壊後、最悪の暴動となった。

カブール市民たちが、米軍をはじめとした外国軍への不満を抱いていたのは確かである。軍関係車両が市内を猛スピードで乱暴な運転をしたり、外国軍兵士たちが、禁止されているはずのアルコールを口にしたりすることに眉をひそめていた。それに加え、人々は政府への不満や生活が良くならないことなどの不満を鬱積させていたが、米軍の交通事故が発生したため、暴動という形で不満を爆発させたと見られる。

タリバンが崩壊し、平和が訪れ、新政府が成立した当時は、人々は米軍を歓迎した。とりわけ、アフガニスタンでは最も「進歩的」であったカブール市民にとっては超保守的なイスラム原理主義勢力タリバンによる支配が窮屈であった。カブールではダリー語（ペルシャ語に近い）が使用されるのが一般的であるが、タリバンが支配していた時期にはパシュトゥン人の言語である「パシュトゥ語」が「公用語」になっていた。タリバン支配に苦しむカブール市民を解放したのは実質的には米軍である。この米軍車両事故に伴う暴動は、その後五年近くがたち、人々の米軍への印象が様変わりしたことを示した。

ナンガルハル州での住民殺傷事件

二〇〇七年三月四日、アフガニスタン東部のナンガルハル州で米海兵隊の車列が攻撃を受けたのをきっかけに、付近の車両や通行人に無差別攻撃を行い、一〇人が死亡、三〇人以上が負傷するという事件が発生した。市民を巻き添えにした米軍のこうした行動に住民が怒りを爆発させ、ナンガルハル州では数百人の市民が反米、反カルザイ政権を叫んで抗議行動を行った。

この事件に関し、米国政府は五月になり、正式に非を認め、遺族に謝罪し、犠牲者一名につき二〇〇〇ドルを支払った。

このナンガルハル州での事件と同じ日の夜、カブールの北のカピサ州で米軍が粘土で作られた民家を空爆し、九名の市民が死亡した。米軍の説明によれば、米軍基地がロケット攻撃を受け、犯人らしい二人組が民家に逃げ込んだので、その家を空爆した、ということであった。武装勢力は米軍を攻撃した後に居住地域に逃げ込むことにより、故意に米軍が一般市民を攻撃するように仕向けている、と米軍関係者は述べた。

こうした連合軍の誤爆、誤射事件は、いくら慎重に行動しても生じてしまう。地方復興チーム（PRT）などによる復興支援活動にもかかわらず、民心は連合軍やアフガン政府から次第に離れて行っている。

6 カルザイ政権による対話呼びかけ

タリバンとの対話を求めて

タリバンが勢力を急速に回復させ、国際治安支援部隊（ISAF）の全国展開にもかかわらずアフガニスタンの治安状況が悪化しつつあるなど、事態が深刻になるなか、カルザイ大統領は真剣にタリバンとの話し合いを求めるようになった。

二〇〇六年一月、カルザイ大統領はタリバンの最高指導者オマル師に話し合いを呼びかけたが、同時に、オマル師は自らの行動について説明責任を果たさなければならないと付言した。

オマル師は米国政府が一〇〇〇万ドルの懸賞金をかけている「お尋ね者」である。カルザイ大統領の発言は、オマル師が対話に応じても恩赦を認めないことを示唆したと受け取られることになり、真剣に話し合いを求めてはいない、と印象づけることとなった。タリバンは予想通り、カルザイ大統領の提案を拒否する声明を出した。

二〇〇七年九月、カルザイ大統領は、記者会見において、オマル師やヘクマティアル元首相との対話の可能性について聞かれ、「我々は、どのアフガニスタン人とも対話を行う用意がある。……平和を求めるアフガニスタン人のタリバンと対話を持ちたい。……オマル師の住所と電話番号を知りたい。こちらから連絡をとりたい」と述べた。さらに、「もし、タリバンが戦闘をやめるから政府のポストを欲しいというのであれば、直ちにその要求を受け入れる。タリバンが政府に参加する要求をして欲しいと願っている。……我々は道路、電気、水道が復旧し、警察、軍隊が整備されるまで外国人には滞在してもらう」とも述べた。

この発言はこれまでのカルザイ大統領の発言に比べて、真剣さがにじんでおり、タリバンなどの反政府武装勢力と何とか対話の機会を持ちたいという意欲が感じられた。それは、反政府勢力に対する軍事行動が必ずしもうまくいっていないことの裏返しでもあった。

このカルザイ大統領の発言に対しタリバンはすぐに反応し、「タリバンは政府のポストには興味がない。我々はあくまで外国軍の撤退を求める。外国軍が撤退しない限り、我々はカルザイ政権とは対話しない」と述べた。タリバンにはいろいろな考え方の者がいるが、少なくとも指導者レベルでは話し合いの余地は全くなかった。

タリバンはかつてアフガニスタンの大部分を支配した勢力であり、近い将来に消滅してしまう見通しはない。パキスタンの国境地域がタリバンの「聖域」となり、力を蓄えている現状に鑑みれば、内輪もめでもしなければ、ますます勢力が大きくなることが予想される。タリバンを消し去ることができない以上、アフガニスタンの政府がタリバンとどこかで折り合いをつけなければいけないと考えることは自然である。特に、今は外国軍が存在することにより、なんとか、アフガニスタン政府は持ちこたえているが、外国軍が永久にアフガニスタンに駐留するわけでもないので、そのような将来を見通した政策を考える必要がある。

タリバンはテロリストか

タリバンはイスラム原理主義の考え方に基づきアフガニスタンを統治しようとした勢力であり、テロや殺人などの犯罪を目的とする集団ではない。もとはと言えば、内戦で秩序が失われ、軍閥などが好き放題やっていたアフガニスタンに、イスラム教に基づく政府を打ち立て、治安回復と平和をもたらしたい、という純粋な気持ちで世直しのために立ち上がったのがタリバンである。

タリバン登場以前にアフガニスタンに跳梁跋扈していた軍閥がカルザイ政権の枢要な立場にあり、そうした軍閥を懲らしめるため戦ったタリバンが「反政府勢力」「テロリスト」という烙印を押され、政権から排除されているのも奇妙にも見える。なぜそのようなことになったかといえば、9・11事件を引き起こしたウサマ・ビン・ラディンらアル・カーイダの本拠地がアフガニスタンのタリバン支配地域にあり、タリバンが「客人を丁重に扱う」というアフガニスタンの伝統に従い、ウサマ・ビン・ラディンの引渡しを拒否したからである。

ブッシュ大統領は、9・11同時多発テロ事件の直後に、「テロリストを引き渡さなければ、テロリストと同罪である」と述べたが、この言葉は、「タリバン自身はテロリストではないが、言うことを聞かなければ、テロリストと同じに扱う」ということであり、米国自身、タリバンが米国を攻撃したテロリストそのものではないことを認めている。

実際のところ、タリバン自身は9・11同時多発テロ事件のようなテロを引き起こしたわけでもないし、共謀したわけでもない。タリバンは自ら飛行機を乗っ取り、米国の中枢に突っ込もうなどとは考えていなかった。

タリバンはもともと米国を攻撃する意図などなかったが、米国が軍事攻撃を開始し、アフガニスタンに軍隊を駐留させたことにより、米国をはじめとする外国軍を攻撃するようになった。米国にとっては「自己成就（自己実現）的予言」(self-fulfilling prophecy) のようにも思える。つまり、もともとは敵ではなかったものの、相手を敵だと決めつけたために本当に敵になってしまった、ということである。

タリバン内部の考え方の相違

タリバンと見なされる勢力は決して一枚岩ではない。アル・カーイダと密接に連携し米軍などの外国軍やカルザイ政権と徹底的に戦おうとしている強硬派（ハード・コア）がタリバンの中核におり、彼らに対話を呼びかけても応じることはないであろうことは誰でも承知している。

しかし、アフガン新政府の腐敗、統治能力の欠如などに幻滅しタリバンに加わっている者、米軍などの誤爆などにより恨みを抱く者、「カネ」に釣られてタリバンに加わった者、脅迫されてタリバンに加わった者、日和見的にタリバンについている者など様々な部類の者たちがタリバン勢力に加わっている。最高指導者の指令が末端まで行き渡り、一糸乱れぬ動きをしているかと言えば、そんなことはない。各地の司令官が比較的自由に活動しているようにも見える。このように雑多な集団で構成されるタリバンの中には、政府が対話を呼びかけ、受け入れる姿勢を示せば、それに反応する者も出てくる可能性はある。

とりわけ、グローバル・ジハードの考え方に基づきタリバンに参戦した外国人戦闘員がタリバンを牛耳ることには抵抗を感じるタリバンのメンバーが多数いることが考えられる。タリバンの分裂、切り崩しを誘うというアフガン政府の政策の一環としてカルザイ大統領が対話呼びかけを行ったのかどうかわからないが、今後の政府側のフォローアップを注視する必要があると思われる。

カルザイ大統領自身は、タリバンがイデオロギーの観点から妥協の余地がない強硬派のみから成り立っているわけではないということをよく理解している。二〇〇六年九月に米国での会合でカルザイ大統領はタリバンについて次のように語っている。

「タリバン兵士の多くはテロリストではない。誤り導かれた者たちである。一五歳や一八歳などの非常に貧しく、死に物狂い（desperate）で、世界を知らない少年がパキスタンのマドラサにいる。そうしたマドラサでは、『アフガニスタンへ行き米国人を殺せ。そうすれば天国へ行ける』と教えている。そうした無知の若者を殺害して問題の解決になるだろうか。」

二〇〇八年六月には、カルザイ大統領はドイツの『シュピーゲル』誌とのインタビューで、「アル・カーイダのメンバーでもあるタリバンについては決してアフガニスタンへの帰国は認められるべきではない。しかし、恐怖にかられて、あるいは、貧乏なためにタリバンに加わった者はアフガニスタンの子供たちであり、祖国への帰国を大いに歓迎する」と述べている。さらに、カルザイ大統領は、タリバン時代には軍閥たちの検問所が一掃されるなどタリバンの良い点もあったことなどに触れた上で、「タリバンが私の兵士であったら良いのにと思う。タリバンがパキスタン人や他の人々ではなく、私に仕えてくれれば良いのにと思う」と述べ、タリバンへの親近感、敬慕の気持ちを表した。

アフガニスタンが真の国民和解をめざすのであれば、タリバンのメンバーである（あった）という事実のみで、そうした人物を排除する、あるいは、拘束するという政策をいつまでも続けるわけにはいかない。

アフガニスタンの最大民族であり、かつ、ほぼ常に支配的立場にあったパシュトゥン人を代表する勢力が表れず、パシュトゥン人のまとまった勢力がタリバン（やヘクマティアル派）しかないというのであれば、なおさら何らかの形でのタリバンの取り込みは必要である。

その一方で、タリバンの狂信的なイスラム原理主義思想に基づいた「恐怖による支配」を経験したアフガニスタン人の中には、タリバンとの和解に疑問を持つ者も多くいることも事実である。

『シュピーゲル』誌でのカルザイ大統領の発言に対して、アフガニスタン国内のマスコミの多くがカルザイ大統領を批判した。

「タリバンがアフガン人九名の首を切る映像を見よ。タリバンを賛美することは、（タリバンを支援する）パキスタンを賛美し、アフガニスタンの犯罪を賛美することに他ならない。タリバンを賛美することは、歴史上のすべての残虐行為を賛美することを意味する。カルザイ大統領は、政権の座にとどまっていたいためにタリバンと和平の取り引きをしようとしている。」（ダリー語紙『ハシュテ・スバ』）

「カルザイ大統領は二〇〇九年の大統領選挙での再選を果たすために、タリバンと連立を組もうとしている。人々の支持を得るために、新たな政策としてタリバンの支持を獲得しようとしている。タリバンとの対話を望んでいるのはカルザイ大統領だけだ。」（ダリー語紙『チェラーグ』）

あるアフガン人女性は、二〇〇八年春に筆者に次のように語ったことがある。

「最近、カルザイ政権がタリバンに和解を呼びかけていることにはとまどいを感じます。タリバンがアフガニスタンを支配していた当時、タリバンは街である男のひげの長さが十分ではないと言いがかりをつけ、その場でその男の首を切り落としました。その光景は忘れようとしても忘れられず、今でもトラウマのように思い出します。モノを盗めば、手首を切り落としていました。タリバンは住民に言い知れぬ恐怖を植えつけました。あのタリバンがアフガニスタンに戻ること、タリバンを受け入れることは考えられません。」

7　和解の可能性

他国の和解の例

激しい戦闘や権力闘争の末に政権転覆が生じた場合、前政権への憎悪から政権にかかわっていた者すべてを排除しようとすることは世界を見渡せば必ずしも珍しくない。

例えば、イラクではイラク戦争後に旧フセイン政権を支えていたバアス党員が公職から追放された。しかし、民族・宗派間の対立を解消するには、旧バアス党員排除政策の見直しが必要ということが理解され、二〇〇八年一月に国民議会が国民の和解を促進するため「責任と公正」法案を採択した。二月にはこの法律が公布され、二〇〇三年以降公職を追放された旧バアス党員等の公職復帰が可能となった（ただし、この法案には、例外事項や制限などがあるため、その有効性には議論がある）。旧党員の中にはバアス党のイデオロギーに賛同したというより、たんに社会の重要な地位に就くためにはバアス党員であることが有利、あるいは必要条件である、という理由からバアス党員になった者もかなりいたと見られている。

共産主義国においては共産主義のイデオロギーを信奉しているわけでは必ずしもないが、出世のために党員になるようなことがよくあるが、それと同じである。アフガニスタンでもかつて共産政権時代に、優秀な者たちが、必ずしも共産主義イデオロギーを信奉するわけでもないのに党員になったりした。

旧フセイン政権の下、虐げられていた者たちにとっては、旧バアス党員と和解することは心情的に容易なことではないであろうが、イラクの安定のためには、そうした感情を抑えなければならない。一般的に、紛争後に国を再建するためには、かつて戦っていた民族、部族、党派等が真に和解し、心の中から敵対心を捨て、かつての敵も同胞として迎え入れる必要がある。

タリバンはアフガニスタンの大部分の地域を支配していた内戦の当事者である。米軍が介入し、タリバンは一目散に逃げたが、消滅したわけではない。タリバンを消し去ることはできず、何らかの折り合いをつける必要がある。米国はタリバンに対し「テロリスト集団」というレッテルを貼ってしまったために、米軍にとってはタリバンは敵であり、殺害ないし拘束が目的となってしまっているが、それは国民和解を進めるアフガニスタン政府の立場とは必ずしも一致しない。カルザイ大統領による対話の呼びかけは国の和解プロセスを考えれば、当然のことであった。

和平強化プログラム

カルザイ政権による反政府勢力を取り込む努力は、カルザイ大統領の対話呼びかけ発言より前から行われていた。これは、「和平強化プログラム」(Program Tahkm-e Sohl*, PTS) と呼ばれ、二〇〇五年五月に開始された。和平強化プログラム（ＰＴＳ）委員会の委員長はモジャディディ上院議長である。

＊ 「Tahkm-e Sohl とは、アフガニスタンの公用語の一つであるダリー語で「和平の強化」を意味する (Tahkm は「強化する」、-e は「〜の、〜を」、Sohl は「和平」)。

ＰＴＳは、タリバンやヘクマティアル派等の反政府組織の戦闘員に投降を促し社会復帰をさせる趣旨で開始されたものであり、投降した者には現金の支給などの支援が与えられることになっている。モジャディディ委員長はタリバンへの投降を呼びかけ、タリバンの最高指導者オマル師についても武器を捨てるのであればアフガン政府に迎えられるべきであると発言するなど、タリバンとの和解に積極的な姿勢を示した。

米国、英国などはこのプログラムを後押ししており、資金援助も行った。二〇〇八年四月に発表された米国務省の「国別テロ年次報告書二〇〇七年版」によれば、五〇〇〇人以上の反政府分子がＰＴＳの下、投降した。このようにＰＴＳはそれなりの成果を挙げているが、彼らの社会復帰のためのしっかりとしたプログラムがないため、再び反政府勢力に戻ってしまうということが懸念されている。また、本人がＰＴＳの事務所に出頭して「タリバンをやめました」と申告すれば、確認することなく簡単にその旨の証明書が与えられ、五〇ドル程度の現金も渡され、逮捕を免れることになる、という仕組みのようであるが、そのような簡易な免罪手続きでは周囲の住民が不安を抱くことになる。タリバンから足を洗ったはずの者がどこに行ったかも良くわからない。

いずれにせよ、このプログラムは中堅以下のタリバン等の反政府勢力のメンバーの政府側への「寝返り」を期待したものであり、幹部以上の強硬派がこれにより、投降してくるとは誰も幻想を抱いてはいなかった。

元タリバンの国会議員

タリバン政権時代に外務大臣を務め、タリバン穏健派を代表し、国際社会に対するタリバンの「顔」として活躍したムタワキルが二〇〇五年の議会選挙でカンダハル州から立候補し話題になった。彼は落選したが、タリバンの中にも武器を捨てて新生アフガニスタンに参加する意欲がある者もいることを示すこととなった。

元タリバンの司令官でありながら、国会（下院）議員に当選した者がいる。この人物はザブール州選出の議員であるが、名前が非常に面白い。戦闘の際にロケット*の扱いが上手であったので「ロケッティ」という名である。フル・ネームは、ムラー・アブドゥル・サラム・ロケッティである。名前の由来からも、この議員のタリバン司令官としての活躍振りが推察される。

＊　正確には、ロケット推進弾（rocket-propelled grenade）。頭文字をとり、ＲＰＧとして知られている。携行式で肩に担ぎ、対戦車用などに使用される兵器。世界各地の紛争地域でよく見られる。アフガニスタンでもタリバンや軍閥などの武力勢力がよく使用した。

ロケッティ議員が当選したことについて、タリバンの司令官でありながら、新政権の誕生とともにタリバンと袂を分かち、暴力を否定し、アフガニスタンの民主主義に参加した者として、賞賛する者もいた。アフガニスタンの国民和解の代表例とまで言われた。

もう一人、元タリバンの幹部で下院議員に当選した人物がいる。この人物の名は、モハマド・イスラム・モハマディでサマンガン州から立候補した。彼は二〇〇一年三月にタリバンがバーミヤンの石仏を破壊した当時、タリバン政府のバーミヤン知事であった。残念ながら、モハマディ議員は二〇〇七年一月に暗殺されてしまった。アフガニスタンの下院議員で暗殺されたのはモハマディが初めてであった。

モハマディ議員と同じように、タリバンの幹部でありながら、タリバンと袂を分かち、新生アフガニスタンの再建に協力したために暗殺された人物がいる。この人物はモハメド・ハクサルという名で、タリバン政権時代の内務次官を務めていたが、二〇〇一年一一月に米軍の攻撃によりカブールが北部同盟に制圧されると、タリバンを捨て、北部同盟側に寝返った。

ハクサル元内務次官は、ムタワキル元外相と同じカンダハルから下院議員に立候補し落選していた。その約四ヵ月後の二〇〇六年一月、カンダハルでオートバイに乗った二人組に射殺された。事件後にタリバンが犯行を認め、「裏切り者なので殺害した」と述べた。ハクサル元次官は、頻繁に西側のマスコミとのインタビューにも応じ、タリバン批判、カルザイ大統領支持、連合軍駐留支持を表明しており、タリバンにとっては目障りな存在であった。

こうした暗殺事件が示すように、カルザイ政権がタリバンのメンバーに対しタリバンを捨て政府側に投降するように呼びかけても、そのタリバンのメンバーにとり自分や家族の命が危ないようでは、そうした呼びかけに応じることも難しい。ロケッティ議員自身、二〇〇六年には、「タリバンを捨て、新政府に協力したが、状況が悪化する一方なので後悔している」という発言をするようになっており、彼のような例がどれほど出るか楽観することはできない。

なお、タリバンと同様に反政府武装勢力として挙げられる、グルブディン・ヘクマティアル率いるヒズビ・イスラミの元メンバーも何人かが国会議員になっている。正確に何人かはよくわからないが、一〇数人から三〇人程度と言われている。ヘクマティアルに近い議員も合わせれば、五〇人以上になるという話もある。彼らは、議会内では、ほぼ常にカルザイ政権批判を行っているようである。

国民和解法案

二〇〇七年一月から二月にかけて、アフガニスタンの国会は内戦時代の軍閥たちの戦争責任を不問にする「国民和解法案」を可決した。国会議員の多くは元軍閥、司令官たちであり、彼らは責任追及を恐れ、この法案を推進した。特に、二〇〇六年一二月三〇日にイラクのフセイン元大統領への死刑が執行され、その際の映像が世界中に流れると、アフガニスタンの元軍閥たちは、自分たちも同じ目に遭うかもしれないと恐れおののき、騒然となった。彼らは国民和解法案の早期成立に向け、邁進した。

軍閥たちの言い分では、ソ連やタリバンからアフガン人を守り、解放したのは自分たちである、ということである。アフガニスタンでは依然として軍閥が隠然たる力を保持していたため、軍閥からの報復を恐れ、国会で表立ってこの法案に反対するものは少数であった。法案賛成者たちは、国民が対立をやめ、和解するためには、この法案が必要であると主張した。

しかしながら、多くのアフガニスタン国民が内戦で軍閥たちに悲惨な目にあっており、そうした軍閥たちによる残虐行為を赦すことは、到底、受け入れられないことであった。長年にわたる内戦のため、アフガニスタンではたいていの家庭において、誰か戦闘などに巻き込まれ、死亡した者がいる。多くの国民は、悪事を働いた軍閥たちは、法の裁きを受けるべきであると主張し、この法案に強く反発した。

両者の板ばさみとなり、対応に苦慮したカルザイ大統領は、被害者個人による軍閥たちへの責任を追及する権利を認める修正を要求した。この修正案は三月に下院、五月に上院で可決され、法案が成立した。

この法案は主として軍閥らが念頭に置かれていたが、タリバンについても武器を捨て国民和解プロセスに参加すれば対象になり得る。今後、タリバンを取り込むようになれば、この法律の適用が話題になることが考えられる。

第7章　タリバン復活とパシュトゥン民族主義

すでに、第1章において、そもそもタリバンが出現し、アフガニスタンを支配しようとしたのは、パシュトゥン人による支配の復活の試みという側面があることに触れた。アフガニスタンの歴史で、ほぼ常に支配的立場にあった最大民族のパシュトゥン人たちは、自分たちが政権の中枢にいるべきであると考えている。* そのため、政権から疎外されるようなことがあれば、パシュトゥン人たちの不満が増大し、その不満がパシュトゥン民族主義の高揚に発展する恐れがあった。そうしたパシュトゥン人たちの民族意識がタリバンの復活を勢いづけていった。

＊ パシュトゥン人以外の者がアフガニスタンを支配したのは極めて例外的な短期間でしかない。一九二九年一月、それまで急進的な社会改革を進めていたアマヌラー国王に反乱が起き、反乱の指導者であったタジク人のハビブラ・ガジが国王となったが、同じ年の一〇月には再びパシュトゥン人（ドゥラニ族出身）のナディル・シャーに取って代わられた。アフガニスタンの内戦中、一九九二年からタリバンが支配するようになるまで、タジク人のブルハヌディン・ラバニが形式的に大統領の立場にあったが、アフガニスタン全土を支配していたとは言い難い。

1　米軍、北部同盟の連携と民族問題

アフガニスタンでの米軍等による軍事作戦「不朽の自由作戦」（OEF）では、「テロリストの掃討」、そしてその目的遂行にあたり、「テロリストを庇護するタリバン政権の除去」をめざした。「内戦で苦しむアフガニスタン国民を助けてあげよう」「タリバンに民主的な政権を樹立しよう」というようなアフガニスタンの平和、安定それ自体は当初の目的ではなかった。したがって、米国は「タリバン打倒」までは良いが、タリバン後のアフガニスタンにどのような政権を作るか、さらには新政権づくりに米国がどの程度かかわるのかについて全く考えていなかった。

米国は、常に「自由」「民主主義」「基本的人権」「法の支配」といった普遍的価値を強調している。アフガニスタンの内戦で残虐行為、殺人、略奪、人権蹂躙など無秩序の限りを尽くしていた軍閥の連合体である北部同盟は、米国の唱える普遍的価値のまさに対極に位置する存在である。内戦でタリバンと戦っていた相手とは言え、米国として冷静に考えれば、タリバン後に北部同盟に政権をとらせるなどということは、米国の立場と全く相容れるものではないことが直ちに理解されたはずである。

しかしながら、米国にとり、まず成し遂げなければならないのは、タリバン打倒であり、当時、北部同盟はまさにタリバンと戦っていた相手である。米国としては、「敵の敵は味方」、あるいはそこまで言えないとしても、「敵の敵を大いに活用しよう」という発想になった。そのため米国は北部同盟政権を樹立する意図はなかったが、当面の敵を倒すために北部同盟と共闘することとなった。

米国としては、アフガニスタンの最大民族であるパシュトゥン人を排除しようという意図など全くなかった。しかし、テロリストを庇護していたタリバンはパシュトゥン人の勢力であったために、意図せず、ほとんどのパシュトゥン人勢力を排除する結果となってしてしまった。

2　アフガニスタン新政権に対するパシュトゥン人の不満

新政権樹立に向けた動き

二〇〇一年一〇月七日に米国の軍事行動が開始されたが、その一ヵ月余り後の一一月一三日には首都カブールが陥落した。予想もできなかった事態の急展開により、タリバン後のアフガニスタンの新政権の構想を早急にまとめる必要が生じた。

軍事作戦がうまくいき、タリバンがあっという間に崩壊したということは、非常に好ましいことではあったが、アフガニスタンの新たな政治的枠組みをどのようにするかという議論が始まっておらず、あわてて議論する必要に迫られることになった。その意味では、タリバンの崩壊は余りにも早過ぎた。たんに、タリバンがなくなり空白になったというよりは、北部同盟が支配を拡大させたのであり、そうした現実を考慮の上、新政権を組み立てる必要が生じたからである。

このようなアフガニスタン情勢の急展開により、国連は急遽、アフガニスタンの和平や新政府の政治的枠組みを協議する会議を召集することとなった。タリバンがカブールを放棄してからちょうど二週間後の一一月二七日から一二月五日までの間に開催されたこの国際会議は、ドイツのボン近郊で開催されたため、「ボン会合」と呼ばれ、会議の合意文書は「ボン合意」と呼ばれている。

ボン会合参加グループ

ボン会合が開催されていた期間にも、軍事作戦は順調に進展し、タリバンは崩壊しつつあった。ボン合意の成立した二日後の一二月七日には、タリバンの本拠地で最後の砦であったカンダハルが陥落した。このため、ボン会合には、タリバンが招かれなかっただけではなく、タリバンに代わる、南部のパシュトゥン人たちを代表する勢力を見出すこともできなかったし、それをあわてて組み立てて参加させるようなことも無理であった。

ボン会合は内戦を終結させるための和平会議とされているが、内戦の主要な当事者であり、かつ、米軍が介入するまでは国土の大部分を支配していたタリバン抜きにして和平を議論しなければならなかった。しかもタリバンは米軍の圧倒的な戦力の前にパキスタンに一時的に退却しただけであり、玉砕し滅び去ったのではない。タリバンがいずれ巻き返しを図るであろうことは予想された。それは、ボン合意後のアフガニスタンがなかなか安定しないであろうことを示唆していた。タリバンはパシュトゥン人の不満に乗じて再び台頭してくることになる。

ボン会合には北部同盟の他に、アフガン人を代表する三つのグループが参加した。アフガニスタンの最後の国王であるザーヒル・シャーの役割に期待する在外アフガン人たちの集まりであるローマ・グループ、パキスタンの支援するペシャワール・グループ、イランの支援するキプロス・グループである。こうしたグループの中にはパシュトゥン人もいたが、パシュトゥン人勢力を代表しているとは言い難かった。

このようにボン会合では、タジク、ウズベク、ハザラなどのアフガニスタンの少数民族は北部同盟が代表していたが、最大民族パシュトゥン人については、代表する勢力がなかった。ボン会合には、民族的にパシュトゥン人に属する者が出席していたが、パシュトゥン人の利益を代表するという意味でのパシュトゥン勢力はなかった。その意味で、パシュトゥン勢力は和平会議そのものから排除された形になった。

アフガニスタン暫定政権の構成

ボン合意の結果成立したアフガニスタンの暫定政権では、首相に相当する暫定行政機構議長にはハーミド・カルザイが就任することとなった。カルザイはパシュトゥン人である。ボン会合を主催した国連は、アフガニスタンという国ではパシュトゥン人がほぼ常に支配者であったという事実を承知しており、トップはパシュトゥン人でなければならないという考え方からカルザイを議長に据えた。*

＊　カルザイはボン会合の参加者から暫定行政機構議長に選出されたのではない。ボン会合での議長選出の経緯については、拙著、『アフガニスタン祖国平和の夢』（朱鳥社）参照。

カルザイはパシュトゥン人の中でも国王を輩出した部族に属し、父親も国会議員として有名であったので、血筋としては申し分ないが、南部のパシュトゥン人たちがカルザイの議長就任により自分たちの利害が代表され十分満足であると感じるようにはならなかった。

その理由の一つは、暫定政権では、重要なポストがパシュトゥン人以外の少数民族、とりわけタジク人たちが占めていたという事情がある。国防大臣のファヒーム、内務大臣のカヌニ、外務大臣のアブドラのいずれもタジク人（しかも、パンジシールという特定の狭い地域の出身者）、といった具合である。形式的なトップである、暫定行政機構議長はパシュトゥン人であったが、実権はタジク人を中心とした非パシュトゥン人が握っていた。その後、このタジク人偏重の陣容は徐々に改善されていき、パシュトゥン人が要職についたりもしたが、いずれも民族部類としてはパシュトゥン人であるものの、多くのパシュトゥン人たちが、自分たちの代表であると感じるような人物ではなかった。

歴史上、アフガニスタンという国家を創設し、その後、ほぼ常にアフガニスタンの支配者たる立場にあった南部のパシュトゥン人にとり、政権の中枢から外されていることは、耐え難いことでもあった。少数民族が国家の実権を握っているということは、アフガニスタンという国家にとり極めて変則的なことであるが、そうした異常事態が生じているのは、米軍などがアフガニスタンの内戦に介入し、圧倒的に優勢であった内戦の一方の当事者を倒してしまったからである。決して少数民族が力をつけ、権力を勝ち取ったからではない。米軍がたまたま少数民族の側についたからであった。そうしたねじれた異常事態を修正しようという力学がいずれ働くようになることは必然であった。

南部や東部のパシュトゥン人たちにしてみれば、異教徒である米国人がアフガニスタンに侵攻し、パシュトゥン人が中心のタリバンを打倒し、少数民族であるタジク人らが支配する政権を樹立した、ということになる。そうした人々、地域の間では、反米、反政府、親タリバン感情が根強く見られた。振り返って見れば、カルザイ新政権は早い段階から南部や東部のパシュトゥン人たちを政権に取り込み、彼ら自身が国の再建に参加、協力しようという意識を持たせるように努力すべきであった。

パシュトゥン人のタリバンへの親近感

このように平和の果実を享受することができないパシュトゥン人たちは、疎外感を抱くようになり、それがカルザイ政権への不満の一つの要因となっていった。場合によっては、そうした不満が同じパシュトゥン人であるタリバンへの支持、共感につながるようにもなった。

かつて一九九四年にタリバンが創設され、当初、南部のパシュトゥン人を中心に急速に人気が高まったのは、タリバンが治安を回復した、ということに加え、ラバニ大統領（タジク人）や少数民族（タジク、ハザラ、ウズベク人など）の軍閥たちが、国をめちゃくちゃにしていることに嫌気がさし、同じパシュトゥン人の新興勢力に期待した、という民族的な側面もあった。タリバンが復活の兆しを見せる中、パシュトゥン人の間で改めて同じパシュトゥン人の集団であるタリバンに期待を寄せる恐れがある。

米国務省の「テロ年次報告二〇〇七年版」は、「タリバンなどの反政府勢力がその中心的な本拠地である田舎のパシュトゥン人たちから兵士をリクルートする能力は衰えないままである」と述べており、タリバンの勢力基盤がパシュトゥン人地域であることを明らかにしている。

二〇〇七年に公表されたＮＧＯ団体である「アジア基金」によるアフガニスタンでの世論調査の結果を見ると、「アフガニスタンにおける民主主義に満足しているか」という質問に対し、「満足している」と回答した者を民族別に見ると、パシュトゥン人は六四％であり、他民族であるタジク人八〇％、ウズベク人七七％、ハザラ人七一％に比べ、最も低い。

同じく、選挙について「投票は将来を改善することにつながり得ると思うか、それとも、投票如何にかかわらず、状況は決して変わらない、と思うか」という質問に対して、前者の楽観的な回答は、パシュトゥン人が六九％であり、他のいずれの民族（タジク人七五％、ウズベク人七八％、ハザラ人七四％）より低い。その裏返しであるが、後者の悲観的な回答については、パシュトゥン人が二六％であり、他のいずれの民族（タジク人二二％、ウズベク人二〇％、ハザラ人二一％）よりも高い。人口数で比較すれば、パシュトゥン人が最大であり、選挙になれば、数の力を利用し、自分たちパシュトゥン人に有利な結果をもたらすことができると考えるのが自然であるが、パシュトゥン人は選挙についても悲観的に見ている。こうした数字にもパシュトゥン人の不満、将来への悲観が示されている。

同じアジア基金の調査において、アフガニスタンが国全体として抱える最大の問題として、第一に挙げられたのが治安問題（三二％）、第二が失業（一一％）、第三が経済の停滞（九％）である。経済復興がなかなか進まないのは、政府の政策のまずさに加え、そもそも治安が悪いことが、経済活動を阻害しているという側面がある。とりわけ、南部や東部などのタリバンが活動を活発化させ治安問題が深刻な地域では、人々が自由に経済活動を行えるような状況にはなく、また復興事業も進まず、外国からの投資も期待できない。

そして、そのように経済が停滞しているが故に、人々はまともな職に就くことができず、生活していくためにけし栽培に手を染める、あるいはタリバンなどの武装勢力や犯罪集団に加わり、治安をさらに悪化させる、という悪循環に陥っている。

そうした悪循環に陥っている地域はパシュトゥン人居住地域である。パシュトゥン人は平和の果実を享受できず、他の民族以上に不満を募らせていった。パシュトゥン人居住地域である南部や東部では連合軍の攻撃も活発に行われており、誤爆などによる地元住民の連合軍への反発も根強い。タリバンが南部や東部で活動を活発化させている背景には、こうしたパシュトゥン人たちの現政権への不満、疎外感、連合軍への反発、そして同じ民族であるタリバンへの親近感があると考えられる。

3　パキスタンとタリバン

9・11テロ事件後のパキスタンの対応

パキスタンが同国をとりまく戦略的環境に鑑みると、アフガニスタンにどのような政権ができるか、重大な関心を持たざるを得ないことは上述したとおりである。パキスタンとしてはタリバンと決別することはやむを得ないとしても、タリバン後の政権が親パキスタン政権であって欲しいと強く願った。9・11事件後、アフガニスタンの新政府を形作るボン合意までの間、ムシャラフ大統領は、新政府は「広範な層に基盤を持つ（broad-based）、多民族を代表し、アフガニスタンの民族構成を反映し、アフガン人が自由に選択した」政府でなければならないと言っていた。

こうした発言はもっともな事を言っているように見える。しかし、簡単に言えば、パキスタンの主張は、「アフガニスタンの最大多数を占めるパシュトゥン人中心の政府を作るべきだ」ということである。パキスタンの民族構成を見るとパシュトゥン人は数の面では、第二番目に多数を占めており、パシュトゥン人にアフガニスタンの実権を握ってもらいたいということであった。そして暗に、内戦で勝利しつつある北部同盟中心の政府にすべきではない、という考えが含まれていた。

パキスタンとしては、タリバンを通じて北部同盟と戦っていたのであり、北部同盟中心の政府になれば、パキスタンの利害が考慮されず、インドが重視されるようになるであろうと懸念した。

タリバンについても、パキスタンは完全にあきらめたわけではなく、「穏健派タリバンと強硬派タリバン」、あるいは、「良いタリバンと悪いタリバン」と区別すべきで、「穏健派のタリバンは新政府に取り込むべきである」と主張し続けた。実際のところ、タリバンの内部には、圧倒的な軍事力を有する連合軍を前にして、意見の相違があった。アル・カーイダとあくまで連携する強硬派と袂を分かったタリバンが現れれば、「穏健派」ということになったであろう。

パキスタンの軍や情報機関はタリバンと密接な関係があるため、ムシャラフ大統領がタリバンの「穏健派」に繰り返し言及したのは、タリバン内部に意見対立、路線の違いがあることを十分に承知し、ある程度「穏健派」を分離させる自信があったからかも知れない。

しかし現実には、連合軍の軍事作戦が予想以上にうまく行き、タリバンがあっけなく崩壊したので、タリバンは分裂することなく、強硬派も穏健派も一緒になって逃走せざるを得なかった。

タリバンの罪が何かといえば、ウサマ・ビン・ラディンを引き渡さなかったという政策の誤りを犯したことである。そのような政策をとるタリバンをアフガニスタンの支配政権にとどめることが適当ではないことは言うまでもないが、その政策の誤りのために、タリバンをあたかも民族浄化のように消し去ることができないことも冷静に考えれば明らかであった。

アフガニスタン政府もタリバンが復活し、状況が悪化するにつれてようやく、タリバンとの対話、タリバンの取り込みに躍起になってきている。今、振り返ると、穏健派タリバンを何とか新政権に取り込もうとしていたパキスタンの主張は、自国の都合の良いことを並べているものの、傾聴に値する考えであった。

部族地域でのパシュトゥン民族主義の高揚とパキスタンの民族問題

二〇〇一年の米軍による軍事行動により、タリバンのメンバーがパキスタンに逃亡してきたが、パキスタン国内のパシュトゥン人たちは同胞を受け入れるとともに、中には、彼らに共感を抱き、必要な支援を与えたりした。

一部の者はそうしたタリバンへの支援にとどまらず、自らもパキスタン軍に対し立ち上がり、パキスタン軍のテロ掃討作戦に抵抗した。

部族地域（連邦直轄部族地域ＦＡＴＡ）のパシュトゥン人にとっては、パキスタン軍は「外国軍」であり「侵略軍」である。仮に、パキスタン軍を「外国軍」と見なすことが大げさだとしても、部族地域での軍事行動は、パンジャブ人などのパキスタンの多数民族による少数民族であるパシュトゥン人への侵略、そして「いじめ」と受け取られた。そうした、「敵」に直面し、パシュトゥン人たちは自分たちの民族意識を強く抱き、団結するようになった。

パキスタンは多民族国家であり民族のバランスには注意を要するが、パキスタン政府は概してパシュトゥン人には冷淡な政策をとってきた。特に、部族地域（ＦＡＴＡ）に対しては自治を認める代わりに開発等が行われて来なかった。

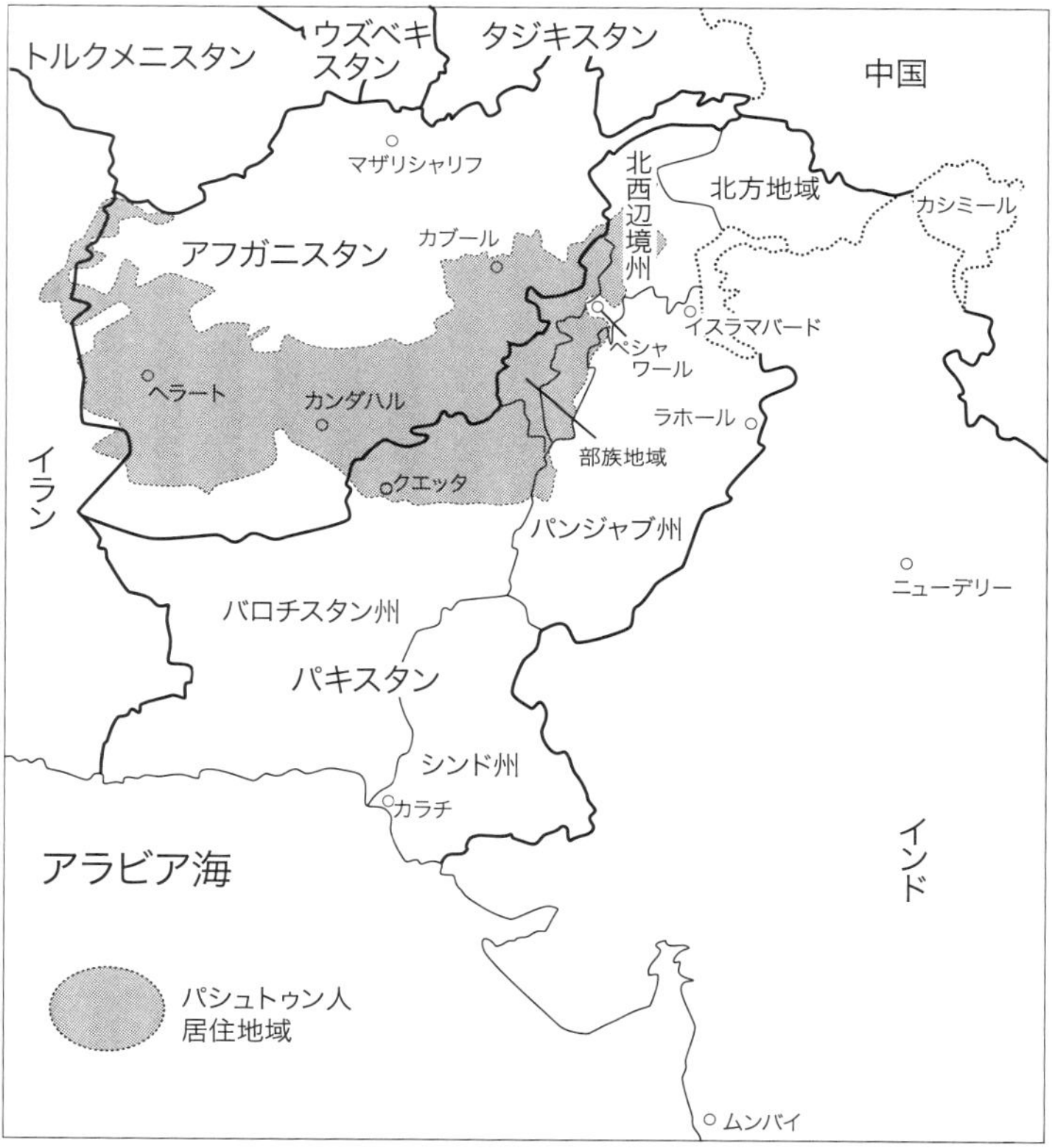

地図３　パキスタンの州とパシュトゥン人の居住地域

パキスタンの議会は人口比で議席が割り当てられているが、そうすると、最大民族であるパンジャブ人が多数を占めることになり、無意識のうちにもパンジャブ寄りの政策がしばしばとられることになる。有力政治家だけではなく、官僚や軍の高官の多くはパンジャブ人が占めていると言われている。そのため、パシュトゥン人に限らず、バローチ人、シンド人など他の民族の不満は根強い。

かつて、バローチ人は独立の動きを見せたことがあるし（現在でも、少数ながらそうした動きは残っている）、シンド人についても、例えば、二〇〇七年一二月にシンド人であるブットー元首相が暗殺された時には、シンド民族主義の高揚が見られた。

パシュトゥン人について言えば、パキスタン政府は、アフガニスタンとパキスタンのパシュトゥン人が「パシュトゥン民族主義」を媒介として結束し、「パシュトゥン民族国家（パシュトゥニスタン）」の樹立を叫んで、分離独立を志向するようになることを恐れてきた。実際に、かつてパシュトゥン人の国家建設、あるいは少なくとも自治要求に向けての動き（パシュトゥニスタン運動）があり、危うくアフガニスタンとパキスタンとの間で戦争になりそうになったこともある。

アフガニスタンでタリバンが勢力を回復するにつれ、タリバンと連合軍及びアフガン国軍との間の戦闘が激化しつつある。アフガニスタンのパシュトゥン人たちは、これを「パシュトゥン民族対外国軍・少数民族」という対立図式で捉え、その結果として、パシュトゥン民族意識を高揚させる恐れがある。その一方で、パキスタンでも部族地域でパキスタン軍と地元のパシュトゥン人の武装勢力との戦闘が激しくなっているが、これについても同じようにパシュトゥン民族意識を高揚させる可能性がある。

従って、パキスタンのテロとの闘いが、いつの間にか、パキスタンの悪夢である、パシュトゥン人独立運動（パシュトゥニスタン運動）に発展してしまう危険性がある。そうなれば、そうした民族意識の高揚はバローチ人など他の民族にも波及しかねない。

パシュトゥン人がアフガニスタンとパキスタンにまたがっているのと同じように、バローチ人もパキスタンのみならず、イランやアフガニスタンにも多数存在する。そうした民族の問題は地域全体の問題に発展する恐れがある。

パシュトゥン人への冷遇を象徴しているのが、パキスタンの州の名前である。一九九八年のパキスタン政府による国勢調査によれば、民族構成上、パキスタンのパシュトゥン人は、パンジャブ人の四四・一％に次ぎ、一五・四％で第二位の勢力を形成しており、シンド人（一四・一％）やバローチ人（三・六％）よりも多い。しかしながら、パキスタンには、パンジャブ州、シンド州、バロチスタン州と一位、三位、四位の民族の名を冠した州があるものの、二位であるパシュトゥン人の名を冠した州は存在しない。北西辺境州のパシュトゥン人の割合は七五％であり、他の例に倣えば、「パシュトゥン州」としてもよさそうであるが、「北西辺境州」などという植民地時代の名残をとどめた名称のままである。

前面に出たイスラム原理主義

部族地域（ＦＡＴＡ）でパシュトゥン人たちが協力し合い、団結するようになったのは、イスラム原理主義集団であるタリバンがアル・カーイダらと流入し、そしてパキスタン軍、米軍などと対峙するようになったからである。そのため、この団結は「パシュトゥン民族主義」というより「イスラム原理主義」が前面に出た。

武装勢力にとっては保守的でイスラームの意識が強い地域では民族主義を強調するより、表向きには「イスラム原理主義」を掲げる方が、大義名分として適当である上、アル・カーイダら外国勢力の支援を受けやすい。また、アフガニスタン、パキスタンのいずれにおいても民族の問題は機微であるため、民族を表に持ち出すことは、他民族の反発を招くことになりかねず、必ずしも得策ではない、という事情もある。

パキスタンの全土でテロ攻撃が広がっているが、イスラム原理主義の影響だけではなく、裏にはパシュトゥン民族主義という要素もあることを理解する必要がある。

4　旧北部同盟の再結集の動き

アフガニスタンでのDDR

アフガニスタンでは内戦後の平和を定着させるために元兵士たちから武器を回収し（武装解除disarmament）、武装集団を解散させ（動員解除demobilization）、新たな働き口を与えて社会に復帰・再統合（社会復帰reintegration）させていくことが行われた。これは一般に、英語の頭文字をとってDDRと呼ばれるものである。

DDRはもともとは国連平和維持活動の新たな取り組みとして考案され、一九九九年にシエラレオネに派遣された国連PKOをはじめとして、いくつかの国連PKOの任務の中にDDRが含まれるようになったものである。また、国連PKOに限らず、紛争後の平和構築の中で、DDRが実施される例も見られるようになった。アフガニスタンは後者の例である。

アフガニスタンでのDDRは二〇〇三年に始まり、二〇〇六年六月に終了した。国連資料によれば、このDDRで六万三千余の旧国軍兵士を支援した。そのほとんどが北部同盟のメンバーである。DDRに参加すれば、手当て等がもらえる上、職探しも支援してもらえるなどの特典がある。このため、内戦の勝利者である北部同盟関係者らがDDRへの参加という特別な扱いを受けるようになった。

つまり、北部同盟兵士は、内戦に勝利したため、武器を捨て、社会に復帰し、国家再建のプロセスに参加したが、他方で、内戦に破れ、和平プロセスの外に置かれたタリバンは、DDRへの参加という選択肢はなく、依然として武力攻撃を続けていた。

旧北部同盟関係者の再結集の動き

タリバンが復活の兆しを見せ、徐々に勢力を拡大するにつれ、かつて内戦でタリバンと戦っていた北部同盟は危機感を抱き始めるようになった。タリバンはまずパシュトゥン人居住地域である南部や東部で活動を活発化させたが、徐々に比較的平穏であった西部、北部、中央部、首都カブールなどでの活動も活発になっていった。北部同盟のメンバーたちの拠点にも徐々にタリバンが影を落とすようになっていった。

少数民族が中心の北部同盟にとってタリバンの復活は、最大民族パシュトゥン人の復活に他ならない。北部同盟の関係者の中には、このままタリバン支配が拡大していけば、いずれ、武装解除した北部同盟側も再び武器を取り戦わざるを得ないかもしれない、と考えるようになる者も現れた。しかも、カルザイ大統領は、二〇〇四年終わり頃から、旧北部同盟関係者、とりわけタジク人たちが政権の要職を占めているため、最大民族であるパシュトゥン人の不満が高まっている、という批判に応え、より民族のバランスをとり、タジク人たちを政権の中枢からはずす政策を積極的に進めていた。

例えば、二〇〇四年一二月、大統領選挙の結果を受けてカルザイ大統領が新たな閣僚を指名したが、国防大臣はタジク人ファヒームから、パシュトゥン人のアブドゥル・ラヒム・ワルダックに交代した。ファヒームはアハマド・シャー・マスード将軍の暗殺後、その後任として北部同盟の最高司令官の立場にあった人物である。

大統領選でカルザイに次ぐ得票であったタジク人の有力者カヌニは閣外に去ることとなった。カヌニはボン合意で成立した暫定政権で内務大臣、その後、教育大臣であった。カヌニはその後、二〇〇五年九月に実施された議会選挙の後に下院議長に就任することになる。

もう一人のパンジシール出身の有力タジク人(ただし、母親はパシュトゥン人)であるアブドラ外相は留任したが、二〇〇六年三月の内閣改造で更迭され、学者出身のランギン・ダドファー・スパンタ(タジク人)が後任の外相に就任した。

政権の中枢から追われた北部同盟関係者はカルザイ政権に批判的な態度をとり、やがてまとまって行動する動きを見せ始めた。

「国民戦線」の結成

二〇〇七年四月、ラバニ元大統領やカヌニ下院議長ら旧北部同盟関係者が中心となって新たな政党

「アフガニスタン国民統一戦線」を結成した。*

＊　北部同盟の正式名称は、「アフガニスタン救国統一イスラム戦線」であり、新たに結成された「アフガニスタン国民統一戦線」との類似性からも、北部同盟関係者の再結集を印象づけた。

この政党の代表にはラバニ元大統領が就任し、メンバーとして、アフマド・ジア・マスード第一副大統領、イスマイル・ハーン・エネルギー水資源相、カヌニ下院議長、ファヒーム元国防相、アブドゥルラシド・ドスタム将軍、ムスタファ・カゼミ元商業相、共産主義政権時代の指導者（グラブゾイ元内相、ウルミ将軍）、元王族（ザーヒル・シャー元国王の孫ムスタファ・ザーヒル）などが含まれている。

かつての共産主義政権時代に、激しく戦った共産党（アフガニスタン人民民主党）ハルク派の元幹部たちとムジャヒディンたちが過去の敵対関係を脇に置き、共闘するようになったことは興味深い。

また、元国王の孫ムスタファ・ザーヒルの国民戦線への参加も注目に値する。二〇〇二年の緊急ロヤ・ジルガでは、カルザイ暫定政権議長（当時）が国家元首（大統領）に選出される際、それを阻止し、ザーヒル・シャー元国王を担ぎ出そうとする勢力が現れ、カルザイ議長の大統領就任が危うくなる場面も見られた。*その時、カルザイ議長は、ザーヒル・シャー元国王を、「国の父」に祭り上げ、元国王にカルザイ新大統領の「後見人」のような役割を果たしてもらい、元国王の権威を借りて、政権基盤を固めようとした。この「国の父」という肩書きは、その後、二〇〇四年一月に合意されたアフガニスタンの憲法にも明記された。

＊　緊急ロヤ・ジルガでの国家元首選出の経緯については、拙著『アフガニスタン祖国平和の夢』（朱鳥社）を参照願いたい。

このように、カルザイ大統領は、ザーヒル・シャー元国王を「国の父」として政権に取り込むことによって、元国王を慕う南部パシュトゥン人たちを中心にした人々の支持を得ようとしていたが、二〇〇七年七月には、ザーヒル・シャー元国王が九二歳で死去してしまった。「国の父」という肩書きはザーヒル・シャー元国王のみに付与されたので、その後継者はいないが、王族の中で、最も政治的野心があり、活発に活動していたのが孫のムスタファ・ザーヒルであった。このムスタファがカルザイ大統領と袂を分かつ形で「国民戦線」に参加したことはカルザイ大統領に衝撃を与えた。

国民戦線は大統領制に代わる議院内閣制を実現するための憲法改正、州知事の住民による直接選挙（すなわち、連邦制への移行）などを要求している。カルザイ大統領は、アフガニスタン国民が政党を結成する権利は認めるが、国民戦線の主張については反対を表明した。

野党的な立場を強める国民戦線はカルザイ政権に不満な人々を糾合する勢力になる可能性がある。北部同盟はパシュトゥン人以外の少数民族が主体の集団であったが、国民戦線はパシュトゥン人の有力者も含み民族的には北部同盟よりバランスが取れている上、旧共産党関係者も取り入れるなど、様々なバックグランドを持つ者が参加しやすいという特徴がある。

これは「国民戦線」の強みであるが、他方、そのような様々な立場、考え方の者たちから構成される雑多な集団であることから、「反カルザイ」で一致しても、果たしてどの程度、まとまりを維持できるかは疑問の声もあり、弱点でもある。とりわけ、二〇〇九年の大統領選挙に向け、国民戦線が大統領候補を擁立できるかが要注目である。いずれにせよ、国民戦線のメンバーの共通項が現政権への批判、不満であるため、グループのまとまりを維持するためにも、さらに反カルザイ政権の言動を強めていく可能性がある。

アフガニスタン人は抗争続きの歴史の経験から機を見るに敏であり、刻々と変化する情勢に応じて、また政治的な流れを読んで自分に都合の良いように立場を変えるのが上手である。内戦中に軍閥たちが合従連衡を繰り返したことにそれが現れている。

アフガニスタンの内戦では戦いに敗れれば、大虐殺が待っていることがしばしばである。そうなるよりは、従来の立場を変える、それまでの仲間、「親分」を裏切ってでも生き残りを図る、それまで激しく敵対していた者たちとも利害が一致すれば同盟を組む、というようなことになる。アフガン人は節操がない、とも言えるかもしれないが、むしろ権謀術数や駆け引きに優れ、極めて打算的、現実主義的で世渡り上手、とも言える。それはアフガン人たちが、文字通り戦乱の世の中を生きていく過程で見につけていった能力とも言える。

かつて敵同士であった共産主義者とムジャヒディンが、「過去のこと」は「過去のこと」と割り切って「国民戦線」という形で同盟を組んだのも、そうしたアフガン人の気質が表れている（そもそも、無神論の共産主義者とアッラーの神の教えを厳格に守ろうとする急進的イスラム原理主義者であるムジャヒディンが連携してしまうこと自体、考えてみれば不思議な現象ではある）。

国民戦線には第一副大統領や現職閣僚などカルザイ政権内部の重要人物も参加しているため、カルザイ大統領の求心力の低下を印象づけた。カルザイ大統領がさらに求心力を失って行けば、「反カルザイ連合」の勢力が急速に強まる可能性があるし、タリバンが勢力をつけてくれれば、タリバン側に寝返る旧軍閥などの勢力が現れる可能性もある。

第8章　タリバンとアル・カーイダ

1　アル・カーイダの復活

二〇〇一年に始まった米国による軍事作戦により、タリバン、アル・カーイダは、いずれも大きな打撃を受け、勢力を失うこととなった。これまで「タリバンの復活」について見てきたが、アル・カーイダについてもタリバンの復活と連動して、組織を立て直し、勢力を回復しつつあると見られている。とりわけ、二〇〇七年以降、米国の情報機関関係者は、「アル・カーイダ復活」を公言するようになった。

二〇〇七年七月一七日に米国政府は「米国本土へのテロ脅威」と題した「国家情報評価」(National Intelligence Estimate, NIE) を発表した。この国家情報評価（NIE）は、米中央情報局（CIA）をはじめとする情報機関が作成にかかわっており、米国の情報コミュニティーの最も権威が高い評価書である。このNIEは、アル・カーイダが部族地域において安全な拠点 (safe haven) を確保していることを指摘し、それがアル・カーイダによる米国本土へのテロ攻撃能力の維持あるいは強化の一つの要因であると判断している。

米国のインテリジェンス組織を代表するマコネル米国家情報長官は二〇〇七年九月一〇日の上院国土安全保障・政府活動委員会で「アル・カーイダは相当（significant）な水準の能力を回復した」と証言している。米国政府が二〇〇七年一〇月に発表した「国土安全保障のための国家戦略」という文書では、上記のＮＩＥを踏まえ、「アル・カーイダはパキスタンの部族地域で安全な活動拠点を再建（regenerate）した」と記している。

米国はアフガニスタンでのテロ掃討作戦により、テロリストを庇護するタリバン政権を追い払い、アフガニスタンに存在した大規模なテロ訓練施設などを破壊した。これが、一時的にせよ、アル・カーイダなどのテロ組織に大きな打撃を与えたことは疑いの余地がない。

しかし、テロ組織がテロ活動を行うには、タリバンのような公然たるテロ支援国家や大規模なテロ訓練施設は必ずしも必要ない。ちょっとした場所でテロリストの訓練は可能であるし、テロ組織に同情や共感を寄せる住民たちからなる村があれば、テロ組織は活動が可能である。むしろ、タリバン政権時と異なり、テロリストたちが姿を見せなくなり、こっそりと活動するようになると彼らを捕まえるのはより難しくなったと言えるかも知れない。

タリバン政権時代のタリバンとアル・カーイダの関係は、ウサマ・ビン・ラディンがスーダンからアフガニスタンに逃れたとき、たまたまタリバンがアフガニスタン支配に向けて勢力を増しつつあり、その庇護の下に入ったことから始まる。タリバンはウサマ・ビン・ラディン率いるアル・カーイダから資金的支援や軍事作戦面の技術指導などを受けたと見られている。

最近、タリバンとアル・カーイダは共に勢力の回復を遂げつつあるが、両者の関係はかつての連携より、むしろ強化されているのではないか、と思われる事象も見られるようになった。タリバン及びアル・カーイダいずれの幹部もタリバンとアル・カーイダの連携、共闘関係に繰り返し言及している。タリバンの復活にはアル・カーイダの影響が強く認められる。

2　タリバン政権下のビン・ラディン

アル・カーイダ誕生

タリバンとアル・カーイダとの関係を見るには、まず、タリバンとアル・カーイダがそもそもいかなる経緯でかかわるようになったかを見る必要がある。その起源は、ムジャヒディンによる対ソ連聖戦に遡ることができる。

ウサマ・ビン・ラディン率いるアル・カーイダは、一九七九年のソ連のアフガニスタン侵攻に対して戦うために集まってきた、イスラム義勇兵（ムジャヒディン）への支援のためにパキスタンのペシャワールに設立された施設を起源とする。この支援施設は、「マクタブ・アル・ヒドマート」（奉仕事務所）と呼ばれ、イスラム法学者であり、「ムスリム同胞団」のメンバーでもあったパレスチナ人のアブドゥラー・アッザームという人物が設立したものである。

この施設が、世界各地からアフガニスタンでの戦闘に参加するためにやってきた義勇兵たちを受け入れ、訓練等を施し、アフガニスタンの前線へ送り出していた。同時に世界各地に支部を設け、義勇兵たちのリクルートや募金活動も行っていた。

ウサマ・ビン・ラディンはこの支援団体の活動に加わり、自ら資金提供すると同時に募金活動を行い、さらには実家の家業（建設会社）を利用してブルドーザーなどの重機を運び込み、ムジャヒディンのための訓練キャンプや道路の建設などの支援を行っていたようである。

ウサマ・ビン・ラディンの父親ムハマド・ビン・ラディンはイエメン出身で、サウジアラビアにおいて建設会社を経営していた。ムハマドは敬虔なイスラム教徒であり、サウジアラビア王室と良好な関係を持ち、公共事業などを受注することにより、ほとんど無一文の状態から巨富を築いていた。ムハマドには五〇人を越える子供がいるが、その一七番目の息子と言われるウサマ・ビン・ラディンはこの父親の資金力を十分に活用した。

ソ連軍によるアフガニスタン駐留が終わりを迎える頃、イスラム義勇兵たちのなかには、聖戦をアフガニスタン以外の地域、例えば、パレスチナやカシミールなどに拡大することをもくろむ者がいた。彼らは、アフガニスタンだけではなく、世界各地で占領、あるいは抑圧されているイスラム教徒たちのために戦うべきであると考えた。その一方で、アッザームはアフガニスタンでの戦いに集中することを主張した。

路線対立が深刻化する中、ウサマ・ビン・ラディンは聖戦の拡大を主張する者たちに傾き、そのような考え方の仲間を中心にして、「マクタブ・アル・ヒドマート」を発展解消する形で、一九八八年に「アル・カーイダ」（「基地」「基盤」の意）と呼ばれる組織を設立した。

ビン・ラディン説得に一役買ったのが、アイマン・アル・ザワーヒリーらエジプトの「ジハード団」のグループであると言われている。「ジハード団」は一九八一年のサダト・エジプト大統領暗殺にかかわったことで知られている団体である。なお、アッザームは一九八九年にペシャワールで暗殺された。犯人はわかっていないが、この暗殺にビン・ラディン自身がかかわっているという情報もある。

アフガニスタンへ移動

一九八九年にソ連軍がアフガニスタンから撤退すると、ビン・ラディンは母国サウジアラビアに戻り、サウジアラビアから世界各地のイスラム反政府勢力への支援を継続した。

一九九〇年の湾岸戦争の勃発に伴いサウジアラビアが米軍駐留を認めると、ビン・ラディンはサウジ王室批判を始めるようになる。「メッカ、メディナというイスラム教の聖地を擁するサウジアラビアに異教徒である米軍が駐留することはけしからん、イスラムに対する冒涜である」という理屈である。王室批判のため当局の監視等が強まる中、ビン・ラディンはサウジアラビアを出国することを決意する。当初、アフガニスタンに逃れたが、当時内戦が激化しつつあった等の事情もあり、一九九一年一二月、スーダンに移動した。

スーダンに活動の拠点を移すと、ビン・ラディンはボスニア、タジキスタン、チェチェン、カシミールなどにイスラム義勇兵を派遣するなど、イスラム勢力を支援するとともにテロ活動にも関与するようになった。例えば一九九三年のニューヨークの世界貿易センタービル爆弾テロ事件（六人死亡、一〇〇〇人以上負傷）、ソマリアのモガディシオにおける米軍ヘリ撃墜等（米兵一八人死亡）の事件など、アル・カーイダとの関係が指摘されている。

一九九六年五月、ビン・ラディンはスーダンから再びアフガニスタンに拠点を移した。ビン・ラディンが到着したのはアフガニスタン東部のジャララバードであったが、その当時のアフガニスタンは、タリバンが首都カブールを攻略する機会をうかがっている時期にあった。

その年の九月にタリバンがジャララバード及びカブールを制圧するまでビン・ラディンはタリバンと対峙するムジャヒディンの軍閥、とりわけ有力軍閥の一人であるユニス・ハリスの世話になっている。対ソ戦争でムジャヒディンたちを支援した経緯に鑑みれば、ビン・ラディンがムジャヒディンに暖かく迎えられたことは自然であった。ビン・ラディンがアフガニスタンに到着した時点では、タリバンは首都カブールを制圧しておらず、どれだけの勢力になるかは不明であった。この時はまだ、ビン・ラディン自身、タリバンと共闘するのが得策かどうかは判断がつきかねていた。

タリバンの庇護下に

タリバンのジャララバード、カブール制圧とともにビン・ラディンはタリバンの庇護下に入ることになるが、その直前の一九九六年八月、ビン・ラディンは、アル・カーイダの方向性の元となる、重要な声明を発出した。

これは、「二聖モスクの地を占領する米国人に対するジハード宣言」と題されている。いわゆる「対米ジハード宣言」である。「二聖モスク」とは、サウジアラビアにあるイスラム教の聖地であるメッカとメディナのモスクを指しており、この宣言にて、ビン・ラディンはサウジアラビアでの米軍駐留を批判し、米国やイスラエルに対するジハードを呼びかけている。

タリバンはアフガニスタンの伝統に従いウサマ・ビン・ラディンを客として歓待することにしたが、

街で出会った少女たち（カンダハル市内、2002年12月）

この「客」が危険人物であることはある程度承知していた。タリバン内部にもアル・カーイダとの共闘に否定的な考えを持つ者もいたようであるが、ビン・ラディンは持ち前の資金力を活かし、最高指導者ムラー・オマルの歓心を買ったようである。

ビン・ラディンが物騒な宣言を出したり、マスコミのインタビューに応じるなど活動を活発化させたので、オマル師は、表向きは、ビン・ラディンの安全のため、しかし実際のところは、同人を監視するという意図もあり、ビン・ラディンにタリバンの本拠地であるカンダハルへの移転を求めた。一九九七年にビン・ラディンはカンダハルに引っ越している。

なお、アフガン人の客をもてなすという伝統は日本人の想像以上である。筆者自身の経験であるが、内戦後の二〇〇二年カンダハルを歩いていると、見知らぬ少年に笑顔で話しかけられ、たどたどしい英語ながら、「今晩、私の自宅に夕食を食べに来ませんか」と言われ、驚いたことがある。この少年は決して、からかって言っていたのではないようであった。

一九九八年二月には、アル・カーイダとアフガニスタン所在のジハード勢力が中心となって作ったアンブレラ組織である、「ユダヤ人及び十字軍との聖戦のための世界イスラム戦線」が結成された。この結成を述べる文書において、米国及びその同盟者に対し、軍人、民間人のいずれを標的とすることを問わずジハードを行うことが、それが実行可能な全てのイスラム教徒にとって義務である旨宣言している。先の「対米ジハード宣言」と併せ、この宣言により、西側権益を標的とし、かつ民間人の死傷を厭わない無差別攻撃を実行するという、アル・カーイダの方向性が形作られることとなった。

第3章で触れたが、一九九八年八月には、ケニア及びタンザニアの米国大使館を狙ったアル・カーイダによる爆弾テロが発生した。このテロにより、ケニアでは二一三人（うち米国人は一二人）が死亡、四五〇〇人以上が負傷、タンザニアでは一一人（米国人はなし）が死亡、八五人が負傷した。こうしたテロ事件が発生したことを受け、タリバンに対し、ウサマ・ビン・ラディンの引渡しなどを求める国連安保理決議が累次にわたり採択されたことは第3章で見たとおりである。

オマル師暗殺未遂事件

アル・カーイダがタリバンの庇護下に入ると、まず、アル・カーイダは資金面でタリバンを支援した。とりわけ、ウサマ・ビン・ラディンはタリバンの最高指導者オマル師のご機嫌をとるため、多額の資金を投入し、オマル師の望むように、モスク、住宅、道路の建設なども行った。

タリバン政権時代、アフガニスタンにいたアル・カーイダの兵士は数千人（一説には、約三〇〇〇人）ほどと見られているが、タリバンの一般の兵士より、軍事面では洗練されていたため、タリバンが戦闘を行う際の突撃隊として活躍したり、あるいは、軍事面での指導を行う軍事教官であったり、タリバン最高幹部のボディガードとしての役目を果たしたと見られている。

一九九九年八月、カンダハルのオマル師の自宅付近でトラックに積んだ爆弾が爆発し、少なくとも一〇人が死亡するという事件が発生した。オマル師自身は事件の直前に外出していたため、負傷しなかったが、オマル師の娘の一人及びボディガード三人が死亡した。

カンダハルはタリバンの本拠地であり、しかも最高指導者であるオマル師の自宅近くでこのような大規模なテロ事件が起きたことにオマル師は大きな衝撃を受けた。カンダハルでの大掛かりなテロは、タリバンが一九九四年にカンダハルを支配するようになって以来初めてであった。このテロ事件が誰の仕業であるかは不明であり、タリバンと敵対していた北部同盟によるとする説、オマル師に不満なタリバン内部の者によるという説、米国陰謀説（米国政府はかかわりを公式に否定している）などささやかれた。

オマル師はこの事件の後、身内であるタリバンのメンバーもなかなか信用しなくなり、人との接触を避け、引きこもるようになった。このテロ事件で、現場に真っ先に救助にかけつけたのがアル・カーイダの連中であったという。オマル師にしてみれば、タリバンよりアル・カーイダの方が傍に置くには信頼できると認識するようになった。オマル師とウサマ・ビン・ラディンの関係はこの事件以降、非常に親密になったと言われている。

3　タリバン復活とアル・カーイダとの関係

アフガニスタンからパキスタンへの逃亡

タリバンがアフガニスタンを支配していた時代にはウサマ・ビン・ラディンはタリバンの「客」であり、いわばタリバンの好意によりアフガニスタンに「置いてもらっている」という関係であった。ウサマ・ビン・ラディンは資金面、軍事面でタリバンに貢献し、両者の関係は年を経るごとに親密になっていった。そのため、9・11テロ事件の後に、米国がタリバンに対しウサマ・ビン・ラディンの引渡しを要求し、さもなければ軍事行動に踏み切ることを示唆した際にも、タリバンはその引渡し要求を拒否した。その結果、タリバンは米軍の攻撃を受け、アフガニスタンから追い払われることとなったという経緯はすでに見たとおりである。

二〇〇一年一〇月にテロ掃討作戦「不朽の自由作戦」（ＯＥＦ）が開始され、タリバンが崩壊する過程で、タリバンの中心勢力はカンダハルからパキスタン側に逃れた。その一方、アル・カーイダはタリバンと別れ、東部ナンガルハル州のパキスタンとの国境付近のトラ・ボラ地区に逃げた。米軍はトラ・ボラ地区に激しい攻撃を加えたが、ウサマ・ビン・ラディンらアル・カーイダ幹部を捕らえるに至らず、彼らはパキスタン側に逃れて行った。

アフガニスタンを去った後のタリバンとアル・カーイダの関係はよくわかっていない。しかしながら、復活しつつあるタリバンには、攻撃手法の面、そして思想面でアル・カーイダの影響が認められる。

米国防情報局（ＤＩＡ）のメープルズ長官は、二〇〇八年二月、上院情報特別委員会及び軍事委員会で、「我々はアル・カーイダがアフガニスタンの反政府勢力への支援を拡大していると信じている」と証言しており、両者の連携の深まりを明らかにしている。

声明から推測されるタリバンとアル・カーイダの関係

タリバンとアル・カーイダがどのような関係にあるか、協力関係あるいは上下関係にあるのか、協力関係にあるとして、どのような面で協力を行っているのかなど不明な点が多く、実際のところはよく分かっていない。しかし、両者の声明等を分析するとある程度の推測が可能である。

まず、タリバンがアル・カーイダをどのように見ているかであるが、例えば、タリバンの上級司令官であるムラー・ダードゥラーは、二〇〇七年三月、「ウサマ・ビン・ラディンの同志がタリバンと協力し、戦場へと赴く」旨の発言を行っている。タリバンはアル・カーイダを「同志」「仲間」と見なしていることがわかる。

次に、アル・カーイダがタリバンをどのように見ているかであるが、例えば、二〇〇七年二月一三日、アル・カーイダのナンバー2であるアイマン・アル・ザワーヒリーの声明は、「我々は、『信徒の指導者』たるムハンマド・オマル師に忠誠を誓ってきた」「我々の司令官であり、『信徒の指導者』であるオマル師」と言っている。二〇〇八年四月のザワーヒリーの声明では、「ウサマ・ビン・ラディンは『信徒の指導者』であるオマル師の兵士の一人である」と言っている。

アル・カーイダはオマル師に忠誠を誓い、オマル師を「我々の司令官」と呼び、ビン・ラディンについてさえも「オマル師の兵士の一人」と言っているのであるから、形式的にはアル・カーイダはオマル師の指導に服しているということになる。このようにアル・カーイダの声明から導き出されるタリバンとの上下関係は、タリバンが「上」であり、アル・カーイダはタリバンに従っているということになる。実際に、タリバンがアル・カーイダを指揮命令下に置いているとはとても思えないが、形式的には、アル・カーイダはタリバンを立てていることが窺われる。

もう一つ興味深いことはアル・カーイダがタリバンの最高指導者オマル師に言及する際に彼に付している「信徒の指導者」という称号である（オマル師への「信徒の指導者」の称号付与については、第1章参照）。

ウサマ・ビン・ラディンらアル・カーイダ関係者は、オマル師が「信徒の指導者」などという称号には値しない人物であることは十分承知していながら、敢えて、この特別な称号を用いている。アル・カーイダの声明におけるウサマ・ビン・ラディンの称号は「ジハードとムジャヒディン（ジハード戦士）の最高司令官」であり、自分たちの組織の指導者に対してですら、「信徒の指導者」との称号は用いていない。これは、オマル師に対して相当の敬意を払い、オマル師を異常なほど持ち上げていることを意味している。

アル・カーイダはアフガニスタンとパキスタンの間の国境地域に潜んでいると見られているが、地元の勢力であるタリバンの支援は引き続き必要としていることを示唆している。

アフガニスタンのアル・カーイダ指導者

二〇〇七年五月、カタールのアラビア語衛星テレビのアル・ジャジーラは、ムスタファ・アブ・アル・ヤジドという人物がアル・カーイダのアフガニスタンでの指導者となったことを紹介しているビデオ映像を入手したと報じた。アル・ヤジドはエジプト人でアル・カーイダ創設の際のメンバーの一人であり、ウサマ・ビン・ラディンの信頼も厚い。9・11同時多発テロ事件の実行者であるムハマド・アタらにテロ実行に必要な資金を提供したと言われている。

映像の中でこの新指導者アル・ヤジドはオマル師に言及する際、「信徒の指導者」という称号を付していることはもちろんのこと、タリバンへの賞賛に言及するなどタリバンと親密な関係にあることが伺われる。ちょうどタリバンの復活が話題になっているタイミングでこのようなアル・カーイダの最高幹部の一人がアフガニスタンでの指導者に任命されたということは、アフガニスタンでのアル・カーイダの活動の一層の活発化が予想され、カルザイ政権には不吉な予感を感じさせる出来事であった。

両者の関係を示唆する情報

二〇〇七年一〇月、タリバン上級司令官マンスール・ダードゥラー（ムラー・ダードゥラーの弟）が、アル・カーイダの広報部門であるアル・サハーブを通じて声明を出した。タリバンの司令官がタリバンではなく、アル・カーイダの広報部門を通じて声明を出すこと自体、タリバンとアル・カーイダの関係の親密さを示している。

その声明の中で、マンスール・ダードゥラーは「タリバンはいつもアル・カーイダとの関係強化を望んできた。アル・カーイダとタリバンは情報を共有している。タリバンとアル・カーイダは助け合っている」等と述べている。

こうした声明からも両者の関係を垣間見ることができる（もっとも、タリバンの内部にはアル・カーイダとの関係、距離の置き方について意見の相違があり、ダードゥラー兄弟はタリバンの中でとりわけアル・カーイダと親しい関係にあるという見方もあり、注意を要する）。

4 タリバンへのアル・カーイダの影響

タリバンは勢力を回復するとともに、自爆テロや簡易爆発装置（ＩＥＤ）攻撃を多用していることはすでに見た。こうしたアル・カーイダが得意とする手法は従来のアフガニスタンでは見られなかったものであり、アル・カーイダの影響が推察される。

タリバンの思想についても、グローバル・ジハード思想への傾倒が見られるようになっており、これはアル・カーイダの影響を受けているものと推測される。例えば、二〇〇六年一〇月二一日付のオマル師声明では、「これまでのところ、この機関（国連）は、パレスチナ、イラクあるいはカシミールにおいて、いかなる積極的な役割も果たしてきていない」とアフガニスタン以外の地域に言及している。

タリバンはもともとアフガニスタンでの支配をめざしており、その他の世界の出来事への関心は薄い団体であった。ジハーディストたちの主戦場たるパレスチナやイラクなどの地域を列挙することはアル・カーイダの影響が感じられる。

二〇〇七年九月一三日のオマル師の声明では、「すべてのムスリムが知るとおり、すべての十字軍勢力は何がしかの口実を設けてイスラムに反して連携し、ウンマ（イスラム共同体）を圧迫している」と言っている。「十字軍勢力」という表現や「十字軍勢力がウンマを圧迫している」という言い方についてもアル・カーイダのグローバル・ジハード思想の影響が推察される。同様の言い回しは、タリバンから出される「夜の手紙」にも見られる。

タリバンのグローバル・ジハード化

このようにタリバンがアル・カーイダの影響を受け、グローバル・ジハードの性格を持つようになると、タリバンという組織が徐々に変化する可能性が考えられる。例えば、タリバンはアフガン人のみから成るのではなく、外国人勢力も含むようになる可能性がある。タリバンがグローバル・ジハード思想を持つということになれば、同じ思想を持つジハーディストたちがタリバン支援のため世界各地からアフガニスタンに集まってくるおそれもある。

二〇〇七年一〇月三〇日付『ニューヨークタイムズ』紙はアフガン警察が外国からやって来たジハーディストを拘束した例を報じている。その記事によれば、アフガン警察当局は、道路検問中に、ピックアップ・トラックに乗っていたブルカ（アフガニスタンで女性が見につける全身を覆うベール）を身につけた女性が異常に背が高かったので不審に思い、尋問したところ、この人物が、女性ではなく男性であることがわかった。この人物は、シベリア出身のロシア人で二七歳であり、タリバンに参戦し、自爆テロを敢行することを計画していた。車からは一〇〇〇ポンド（約四五〇キログラム）の爆薬が発見されたという。

二〇〇八年三月にドイツの週刊誌『シュピーゲル』が報じたところによれば、同月、アフガニスタンの東部にありパキスタンと国境を接するホースト州において、ドイツ出身のイスラム過激主義者が自爆テロを敢行し、米兵二名と民間人二名が死亡したという。この人物はドイツのバイエルン州生まれの二八歳、トルコ国籍を有しているが、ドイツ出身のイスラム過激主義者がアフガニスタンで自爆テロを行ったという点では、この事件が初めてのことである。

同じく二〇〇八年三月、ＡＰの報道によれば、アフガニスタン南部のザブール州でアフガン治安部隊とＮＡＴＯ軍がチェチェン人戦闘集団と銃撃戦になり、チェチェン人兵士三名が死亡、六名が負傷した。

このような例は、氷山の一角であるが、今後、欧米を含め、世界各地からジハーディストたちがアフガニスタンに集まることが懸念される。

アフガニスタンで米軍やＮＡＴＯがタリバンなどの武装勢力を掃討するため軍事作戦を行う、あるいは、パキスタン軍が部族地域（ＦＡＴＡ）で軍事作戦を行うと、世界からジハーディストたちが集まり武装勢力側に加担する可能性がある。そうなれば、さらに連合軍やパキスタン軍は軍事行動を強化せざるを得なくなり、悪循環を招く可能性がある。タリバンなどの反政府武装勢力に加わる外国人戦闘員の数が増えつつあることは、国際治安支援部隊（ＩＳＡＦ）や米軍関係者も認めている。二〇〇七年一二月、米中央軍のファロン司令官は、アラブ諸国の他、ウズベキスタン、北アフリカからの戦闘員がアフガニスタンに流入している旨述べている。

タリバン内部の意見対立の可能性

これまで見たとおり、タリバンがアル・カーイダの影響を受けていることを示唆する現象が見受けられるが、タリバンがどの程度まで、グローバル・ジハード化したのか、今後、その傾向は続くのかについてはよくわからない。タリバンも厳格なピラミッド型の一枚岩な組織ではないため、タリバン自体のグローバル・ジハード化を分析するより、個々の司令官がどれほど思想的影響を受けているか、アル・カーイダとどれほど親密な関係を有しているか、といったミクロの検討をした方が生産的であるかも知れない。

いずれにせよ、グローバル・ジハード的傾向が強まれば、タリバン運動の性格や目的も変化することになる。もともとは、タリバンはアフガニスタンでの原理主義に基づくイスラム国家設立が目的であったが、グローバル・ジハードの思想を帯びると活動の対象とする範囲がまさにグローバルになる。アフガニスタンだけではなくイスラム世界全体で原理主義に基づく統一カリフ国家を樹立することをめざすことになる。

タリバンの復活の一因にはカルザイ政府に不満を持ち、また、パシュトゥン民族主義を意識してタリバンに参加しているグループもいるが、そうした範疇に属するタリバンのメンバーは必ずしもアフガニスタンを越えたグローバルな考え方を持ち合わせていない。タリバンのアル・カーイダ化が強まるとそうしたグループはタリバンから分裂する可能性がある。

一般的に言って、アフガン人はあまりグローバルな視点を持っているとは言い難い。そして、外国の介入には敏感に反応し、嫌悪する。外国人の戦闘員がタリバンに加わることは、タリバンにとって戦力アップとなるであろうが、他方で、そうした外国人の存在のため、あるいは、外国の性格を帯びるようになったため、タリバンがアフガン人一般の支持を失うことになる可能性もある。タリバンの内部分裂に加え、そうした民衆の支持の喪失の可能性も孕むので、タリバンのグローバル・ジハード化の影響は慎重に見極める必要がある。

カルザイ政権がタリバンに対し対話を呼びかけているが、グローバル・ジハードに染まった強硬派は妥協しないとしても、そうでない者は、条件次第では政府による取り込みに応じる可能性はあろう。

第Ⅲ部

不安定化する
隣国パキスタン

アフガニスタン＝パキスタン国境のハイバル峠からパキスタンを望む
(2006 年 8 月)

第9章　パキスタンの部族地域

1　部族地域とは

タリバン、アル・カーイダの部族地域への敗走

二〇〇一年にアフガニスタンで始まった米国によるテロとの闘いでは、米軍の圧倒的な軍事力を前にして、タリバン及びタリバンとの協力関係にあったアル・カーイダらは潰走を余儀なくされた。彼らの多くは、パキスタンとの国境を越えてパキスタン側のパシュトゥン人居住地域である部族地域(連邦直轄部族地域 Federally Administered Tribal Areas, FATA) へ避難してきた。

もともとタリバンは、パキスタンのマドラサ (イスラム神学校) で勉強するアフガニスタン人 (パシュトゥン人) の学生たちが中心になって生まれた集団であるため、米軍などの攻撃を受け、彼らにとっての「生まれ故郷」に戻ったわけである。これは極めて自然な流れであった。タリバンは征服されたのではなく、むしろパキスタン側に逃げ込んだのであり、一時的な退却である。タリバンは部族地域 (FATA) で態勢を立て直し、そこを根拠地として、ゲリラ戦法、あるいはテロの手段により

米軍をはじめとする多国籍軍に戦闘を挑むようになる。

タリバン幹部及びウサマ・ビン・ラディンを含むアル・カーイダの最高指導者たちは、今でもこの部族地域を中心としたアフガニスタン・パキスタン国境地域に潜んでいると見られている。パキスタン国内での武装勢力の掃討作戦はパキスタン政府に委ねられているが、パキスタンによる作戦は国際社会が期待したほどにはうまく行かず、現在では、タリバンやアル・カーイダは部族地域を拠点に活動を再活性化させ、アフガニスタンへの越境攻撃や世界各地におけるテロへのかかわり等を行っている。

パキスタンの部族地域は歴史を振り返ってみても、外部勢力の支配を逃れ、独自の文化、伝統を維持するなど、特異な地域であった。「連邦直轄部族地域」(Federally Administered Tribal Area)という名称からは、連邦政府、すなわち、中央政府が直接に統治、支配を行い、中央政府の権限がパキスタンの他の地域より強く及んでいるかのような印象を与えるが、実態はその正反対であり、政府の権限が最も及んでいない地域である。そうした部族地域の特徴は、タリバンなどの武装勢力が相手からの攻撃を逃れ、態勢を立て直すには、最適な環境であった。タリバンの復活を理解するには、この部族地域の情勢、それに対応したパキスタンによるテロとの闘いを見る必要がある。

パシュトゥン人の居住地域

部族地域(FATA)は七つの管区(及び六つの小さな郡隣接部族地域)からなっている。七つの管区は北から、バジョール、モーマンド、ハイバル、オラクザイ、クーラム、北ワジリスタン、南ワジリスタンである。

部族地域の面積は二万七二二〇平方キロメートルであり、パキスタン全土の約三・四％である。日本で言えば、長野県の約二倍の広さである。部族地域は周囲を海抜二五〇〇～三〇〇〇メートル級の急峻な山脈や峡谷などに囲まれた山岳地帯である。地理的に見て、外からの侵入つまり軍事作戦などの実施は非常に難しい環境にある。

部族地域は、アフガニスタン・パキスタン国境地域のパキスタン側に位置し、パシュトゥン人が住んでいる。部族地域の人口は二〇〇〇年の国勢調査によれば、三三二〇万人で、パキスタン総人口の二％とされているが、実際は五七〇―六〇〇万人程度居住するともいわれている。

パシュトゥン人はアフガニスタンでは最大民族であるが、パキスタンでは少数民族となっている。ただし、絶対数を比較するとアフガニスタンのパシュトゥン人は約一一〇〇万人、パキスタンのパシュトゥン人は約一七〇〇万人と言われており、パキスタン側のパシュトゥン人の方が多数である。このようにパシュトゥン人はアフガニスタンとパキスタンの両国にまたがっており、昔から両国国境地域のパシュトゥン人は国境に関係なく自由にこの地域を行き来していた。

後で見るように、部族地域は自治が認められているため、パキスタンの一部ではあるものの、基本的にパキスタンの法律が適用されず、伝統的なパシュトゥン人の掟である「パシュトゥンワリ」が適用される。警察等の法執行機関も部族地域独自のシステムに基づいたものとなっている。パシュトゥン人は勇猛果敢であり、自らの伝統を堅く守り、いかなる外部勢力の支配にも服さないという自主独立の気概が強い。必要ならば、死も恐れない。このため、この地域は歴史上、形式的に自らの領域とした大英帝国であれ、実質的に征服するには至らなかった。

二〇〇一年に始まった米国による「テロとの闘い」により、パシュトゥン人勢力であるタリバンはアル・カーイダらとともに国境を越えて部族地域へ避難してきた。もともと、部族地域のパシュトゥン人の多くは非常に保守的で厳格なスンニ派イスラム教徒であったため、部族地域の住民はイスラム原理主義の思想を有するタリバンやアル・カーイダを迎え入れ、彼らに安心して活動できる場所を与えることとなった。

現在では、タリバンやアル・カーイダは部族地域を拠点に活動を再活性化させ、アフガニスタンに出向いて米軍をはじめとする多国籍軍や国際治安支援部隊（ＩＳＡＦ）に攻撃をしかけ、反撃されると部族地域に戻る、という手法を繰り返している。制度的にも、また地理的にも、外部からの侵入が容易ではないため、武装勢力がこの地域を活動の根拠地とし、訓練、補給を施し、アフガニスタンに出撃し、その後再びこの地に戻り、次の越境攻撃に備える、という行動パターンを繰り返すには適している。このため部族地域が武装勢力の越境攻撃にあたっての「聖域」と化している。

歴史

一八世紀から一九世紀にかけて、大英帝国は東インド会社を中心にアジアで勢力を拡大しつつあった。一方で、ロシア帝国（帝政ロシア）も南下政策を進めたため、英国とロシアは各地で衝突することとなった。特に、英露両国の勢力圏の中間にあるアフガニスタンで激しい勢力争いを繰り広げた。外交と軍事の両方を駆使した両国の争いがあまりにドラマチックだったため、イギリスの作家ルディヤード・キプリングは二大帝国主義国家のアフガニスタン争奪戦を「ザ・グレート・ゲーム」（世紀の大勝負）と呼んだ。インドを植民地とする大英帝国は、ロシア帝国の南下を抑えるための第一次防波堤としてアフガニスタンを、第二次防波堤として部族地域を想定した。

アフガニスタンは大英帝国と三度にわたり戦争し、独立を勝ち取った。

第一次（一八三九〜一八四二年）、第二次（一八七八〜一八八〇年）の英・アフガン戦争は、いずれも、アフガニスタンがロシアの勢力圏に入るのを恐れた英国が、アフガニスタンに侵攻したものである。いずれのケースも、英軍は緒戦で勝利するものの、やがてアフガニスタン国内での反乱にあい、英軍の駐屯兵らが多数殺害されるなど、手痛い損害をこうむっている。緒戦でアフガニスタン侵攻に勝利し、その後の占領、支配がうまくいかず、撤退を余儀なくされるということは、ちょうど、一九七九年のソ連軍のアフガニスタン侵攻を想起させるものである。

第二次英・アフガン戦争後の一八九三年には、アフガニスタンと大英帝国（英領インド）の境界線を定める「デュランド・ライン」が合意された。この国境線を画定する交渉で英国を代表したのが当時英領インドの外務長官であったヘンリー・モーティマー・デュランド卿であったため、この国境は「デュランド・ライン」と呼ばれるようになった。この合意により、部族地域はアフガニスタンではなく、英領インド（のちのパキスタン）に属することとなり、パシュトゥン人居住地域はこのラインで二つに分かれることとなった。大英帝国はデュランド・ラインでパシュトゥン人地域を分断することにより、パシュトゥン人勢力がまとまって強大になることを防ぐと同時に、覇権を争っていた帝政ロシアとの間に二重の緩衝地域、すなわち、アフガニスタン及び部族地域を設けようとしたのである。

アフガニスタンにとっては、「デュランド・ライン」によりパシュトゥン人居住地域の半分を大英帝国に奪われたわけであり、はなはだ不満が残る合意であった。しかしながら、その当時は、第二次英・アフガン戦争の結果、アフガニスタンは外交権を英国に譲り渡しており、英国の保護国となっていたため、アフガニスタンは英国に抵抗するだけの力もなかった。また、デュランド・ラインを認める合意の見返りとして、アフガニスタンの王（アミール、首長）は英国から補助金を受け取ることとなっていたことも王の合意を促した。

この国境の合意の経緯はアフガニスタンにとっては屈辱であり、アフガニスタンは現政権を含め、これまでデュランド・ラインを国境と認めたことはない。また、住民もデュランド・ラインが国境であるという認識も持たないため、パスポートなど持たず、入出国の手続きをすることなく、国境をまたいで自由に往来している。その一方で、パキスタンはアフガニスタンとの国境問題は解決済み、という立場である。従って、このデュランド・ラインは今に至るまでアフガニスタンとパキスタンとの間の対立の一因となってきた。

このデュランド・ラインの合意の後、部族地域では英国に対する反乱が生じ、英国は部族地域の自治権を認めることとなった。一九一九年に、アフガニスタンは独立を試みてイギリスに宣戦布告を行った。第一次世界大戦で疲弊していた英国は講和を結び、アフガニスタンの独立を認めたが、部族地域がアフガニスタンに編入されることはなかった。

このようにアフガニスタンは大英帝国とロシアのグレート・ゲームに翻弄され、両国の侵入も受けたが、なんとか独立を維持した。しかし、独立を維持するために、外交権を奪われ、またパシュトゥン人の多数（過半数）が居住する部族地域の主権を失った。部族地域の住民は勇猛果敢で独立の気概が強く、もともとカブールの政府（王朝）の実質的な支配は及んでいなかったが、英領インドに編入された後も、部族地域の事実上の自治独立は変わらなかった。

一九四七年の印パ分離独立の際には部族地域の指導者（マリク）たちは、それまでの英領インド時代に認められていた自治権が引き続き認められることを条件にパキスタンに帰属することを承認した。このような経緯により、部族地域（ＦＡＴＡ）はパキスタンにおいて自治権を認められるなどの特殊な地位を得ることとなった。

二〇〇七年三月一日、米国上院軍事委員会においてエデルマン国防次官は部族地域について、以下の証言を行っている。「部族地域とは、パキスタン政府、その前の大英帝国、さらにはアレクサンダー大王の時代に遡ってもみても誰にも支配されたことのない、パキスタン国内の一部である。」

この発言は、部族地域が独立の気概が強く、また歴史を振り返ってみても軍事的制圧がいかに困難であるかを端的にあらわしている。

部族地域の現在

部族地域（連邦直轄部族地域ＦＡＴＡ）がパキスタン国内で享受している特殊な地位は、パキスタン憲法の第二四七条に規定されている。それによると、パキスタン議会が制定した法律は大統領が指示しない限り適用されないこととなっており、強い自治権を有している。法律に代わるものとして、パシュトゥン民族の部族法ともいえるパシュトゥンワリという慣習法が厳格に適用されている。平たく言えば、法律ではなく、「ムラの掟」「部族の掟」が優先されるということである。

第6章でアフガニスタンの部族社会について触れた。アフガニスタンでは中央政府の権威がなかなか地方に及んでおらず、地方、すなわち部族社会にも中央政府の権威、支配を及ぼすことが課題になっている。しかし、部族地域（FATA）では、憲法上、パシュトゥンワリによる自治が認められており、その点では住民はアフガニスタン側のパシュトゥン人とは異なり、安心して自分たちの好きな暮らしができる。

このように部族地域は、法的には独自の地位を享受しているが、その反面、社会面では、開発の遅れた貧困地域である。部族地域が二〇〇七年に公表している数字を見てみると、住民の識字率は男二九・五％、女三％であり、パキスタン全体の男五五％、女三二％に比して極めて低い。医師一人あたりの人口は七六七〇人であり、パキスタン全体の一二二六人の六倍以上の数字である。医療機関のベッド一床あたりの人口は二一七九人でパキスタン全体の一三四一人の約一・六倍である。こうした数字から医療サービスが非常に遅れていることがわかる。失業率も極めて高いと言われている。

この地域の住民は十分な近代教育を受けておらず、職もないため、簡単に犯罪組織やテロと結びつきやすい環境におかれている。連邦政府による介入もされないかわりに、社会開発についても十分な対応がなされず、開発が遅れているのがこの地域の特徴である。

パキスタン憲法の規定により、部族地域には大統領の権限が及ぶこととなっているが、部族地域での大統領の名代は北西辺境州知事である。医療、教育などの行政サービスについては北西辺境州知事が管轄している。

現地で実際に権力を握っているのは、連邦政府より各管区に派遣されている政務官である。その政務官により指名されたマリクと呼ばれる部族長などの地元実力者が、ジルガと呼ばれる部族の有力者の集まりの助言を得て、地元地域の日常の問題や種々の争いごとを解決している。法執行も部族地域独自の部族警察が担当している。マリクは政務官から金銭を含む経済的な便益を受けるのと引き換えに政務官の支配に服する、という構図になっており、腐敗は部族地域の全般に蔓延していると言われている。

現在、パキスタンの「テロとの闘い」では、部族地域が焦点になっているが、部族地域での武装勢力の活動の活発化と連動している現象は、伝統的な部族システムの弱体化である。部族支配の箍がゆるんでいることが武装勢力の跳梁跋扈を許しているという側面がある。そのため、武装勢力の活動を抑え、秩序を回復するためには、伝統的な部族システムを強化し、部族長老たちを味方につけ、そうした部族長老たちの権威や部族社会の力を利用することが有用と考えられる。

その一方で、部族社会は、「自由」、近代国家の理解する「民主主義」「法による支配」「人権の尊重」といった考え方とは相容れず、前近代的であり、部族社会を根本から変革し、部族地域を政治的、経済的、社会的などあらゆる面でパキスタンの一部として統合しなければ究極的な解決は難しいという見方もある。そうしたバランスをどのように取るのか、あるいは、どちらかに舵を切るのか、パキスタン国内の意見は集約しておらず、政府の立場も明確ではないように見える。

対ソ聖戦、アフガン内戦の出撃基地

一九七九年にソ連軍がアフガニスタンに侵攻して以来、一九八〇年代を通じ、部族地域（ＦＡＴＡ）、特に南北ワジリスタン管区は、アフガニスタンを支配していたソ連に対する聖戦（ジハード）のための主要な出撃基地であった。イスラム聖戦士（ムジャヒディン）たちが、部族地域に集結し、訓練を受け、武装した上で、アフガニスタンに侵入し、ソ連軍と戦った。部族地域に集まったムジャヒディンたちをソ連との戦いに駆り立てたのはイスラム過激思想である。もともと平和でのどかであった部族地域にイスラム過激思想や武器が蔓延し、治安が乱れるようになってきたのは、この対ソ連聖戦、それに続くアフガン内戦のためである。

アフガン内戦に伴い部族地域に流入した外国人武装勢力の一部（数百人規模と見られている）は、そのままその地に住み着き、その地で地元民と結婚し家族を持つようになった。彼らは地元部族らに資金援助を与え、その代わりに隠れ家と物質的な支援等を得るようになっていた。また、地元部族は思想的にも聖戦士（ムジャヒディン）をかくまうことは宗教上の義務と考える傾向があった。そのように部族地域に住み着いたムジャヒディンの一部はソ連軍がアフガニスタンを撤退した後にもジハード（イスラム世界を拡大あるいは防衛するための戦い）を継続し、ボスニア、チェチェン、カシミールなどに遠征した。

テロリストの聖域

これまで見たように、部族地域（ＦＡＴＡ）はパキスタン政府の支配が事実上及んでいない上、ソ連軍のアフガニスタン侵攻をきっかけとして、イスラム過激派たちが住み着いていたため、同じような思想を持つ過激派たちを受け入れる土壌があった。そのため、二〇〇一年に米軍がアフガニスタンでテロ掃討作戦を開始すると、アル・カーイダらアフガニスタンにいたグローバル・ジハーディストたちの多くは部族地域に移ってきた。

部族地域は、今では世界に残された、数少ない国家の権限が事実上及んでいない無法地域(ungoverned space)の一つであり、中央アジアやアラブ諸国を始めとして世界各地からイスラム過激派(ジハーディスト)たちが集まっている。二〇〇七年七月一七日に米国政府が発表した「米国本土へのテロ脅威」と題した「国家情報評価」(NIE)は、アル・カーイダが部族地域において安全な拠点(safe haven)を確保していることを指摘し、それがアル・カーイダによる米国本土へのテロ攻撃能力の維持あるいは強化の一つの要因であると判断している。

二〇〇一年の9・11同時多発テロ事件以降、米国では大規模なテロ事件は発生していないが、欧州では、いくつかの大掛かりなテロ事件が発生している。テロ実行前の計画段階で防いだ事件もいくつかある。そうした事件の起源をたどると部族地域に行き着くことがしばしばある。

二〇〇五年七月七日、ロンドンで地下鉄・バス爆破事件が発生し、五〇名以上が死亡、約七〇〇名が負傷した。その実行犯のうち二名が実行前に収録したとみられるビデオ声明が、アル・カーイダのザワーヒリーらの発言と共に編集され、二〇〇五年九月及び二〇〇六年七月に公になった。これらのビデオ声明にはアル・カーイダの広報部門である「アル・サハーブ」のロゴが入っており、部族地域で復活しつつあるアル・カーイダと実行犯グループとの接点の存在を示唆している。一部の報道(例えば、二〇〇七年四月二八日付英国『タイムズ』紙)では、部族地域に潜伏するアル・カーイダ幹部であるアブドル・ハーディー・アル・イラーキーがこのロンドン事件の黒幕とされている。

二〇〇六年八月にはロンドン発米国及びカナダ行きの約一〇機（後の公判では七機が攻撃目標とされている）の航空機を爆破しようとしたテロ未遂事件が発生した。この事件では犯人はソフト・ドリンクを偽装した液体状の爆薬を機内に持ち込もうとしていたことが判明しており、この事件をきっかけに日本を含めて飛行機内への液体物の持ち込みが厳しく制限されるようになった。

この事件についても、『ニューヨークタイムズ』紙（二〇〇七年四月二日付）は、アル・カーイダ幹部で部族地域を活動の拠点とするアブ・ウバイダ・アル・マスリーが首謀者であると捜査関係者が結論付けたと報じている（なお、二〇〇八年四月に複数のメディアが報じたところによれば、アブ・ウバイダ・アル・マスリーはパキスタンでおそらく肝炎により死亡したことを米政府関係者が確認した、という）。

二〇〇七年九月には、ドイツ国内の米軍関連施設や米国人が訪れるディスコ、パブなどへの大規模なテロを計画していたイスラム過激派三名がドイツ国内で逮捕された。この三名は、イスラム過激派組織であるイスラム聖戦連合（ＩＪＵ）のメンバーとされており、部族地域（ワジリスタン）でテロリストの訓練を受けたと見られている。このテロ計画では、二〇〇四年マドリード列車爆破事件（一九一名死亡）、二〇〇五年ロンドン地下鉄・バス爆破事件（五六名死亡）で使用された爆薬を上回る量の爆発物の使用を予定していた。

こうした例からわかるように、部族地域の問題の解決がアフガニスタンの安定のみならず、米国をはじめとする世界各国がアル・カーイダの脅威から逃れるための鍵となっている。

2　パキスタンにとっての「テロとの闘い」

パキスタンの苦境

米国は二〇〇一年の９・11米国同時多発テロ事件の発生直後からウサマ・ビン・ラディンの関与を疑い、ビン・ラディンを保護するタリバンを支援していたパキスタンに「テロとの闘い」への協力を求めた。

米国は９・11事件の前、具体的には一九九八年のケニア及びタンザニアでの米国大使館爆破事件以来、ビン・ラディンの引渡しについてパキスタンの協力を求めていた。それにもかかわらず、パキスタンは米国への協力に応じることはなかった。しかし今度ばかりは、テロの規模といい、米本土が攻撃されたという重大性の点でも、事態ははるかに深刻であり、米国はパキスタンに態度を明確にし、言葉だけではなく、具体的な行動で米国の側に立つことを迫った。

二〇〇六年九月になり、ムシャラフ大統領が明らかにしたところによれば、９・11テロ事件の時に偶然、パキスタン軍統合情報局（ＩＳＩ）マハムード・アハメド長官が訪米しており、リチャード・アーミテージ米国務副長官（当時）と会談したところ、アーミテージ副長官は、もしパキスタンが米国の側に立たなければ、パキスタンを空爆し石器時代に戻す、と迫ったという（アーミテージ副長官は、パキスタンに対し、テロとの闘いで米国側に立つか、米国の敵になるか、どちらかであると述べたことは認めたが、ムシャラフ大統領が述べたような「空爆して石器時代に戻す」というような発言をしたことは否定している)。

ムシャラフ大統領は、さらに、アーミテージ副長官の発言は非常に無礼だと思ったが、パキスタンの国益を考えて行動しなければならないと考え、そのとおり、国益になる行動をとった、と述べた。

米国は「テロとの闘い」では、すべての国にどちらの側に立つのか明確にするように迫った。米国が軍事攻撃を開始した一〇月七日には、ブッシュ大統領は、「すべての国はどちらの側に立つか選択しなければならない。この戦いでは中立はあり得ない。無法者や無実の人々を殺害する者たちを支援する政府があれば、彼ら自身が無法者、殺人者になる」と述べている。

当時のパキスタンの状況に鑑みれば、米国への協力を断ることは、ほとんど考えられないほど困難なことであった。

まず、米国はパキスタンをテロ支援国家に指定することにより、そうでなくとも軍事クーデターなどにより孤立していたパキスタンをさらに国際的に孤立させる恐れがあった。そうなれば、例えば、「カシミールでパキスタンがテロリストを支援している」というカシミール問題をめぐるインドの主張を米国が全面的に支持するようなことも考えられた。そのようなシナリオはパキスタンにとり、悪夢である。経済的にも、テロ支援国家と烙印を押されたパキスタンへの外国投資の呼び込みは困難になるなど、多大な悪影響を伴うことが予想された。

一九九九年のクーデターで政権についたムシャラフ大統領は経済再生を最重要課題の一つに掲げていたが、当時パキスタン経済は低迷を続けていた。頻繁な政権交代に伴う政治的不安定性、一九九八年の核実験後の米国、日本などによる経済制裁などのマイナス要因が重なっていた。一九九八年秋にデフォルト（対外債務支払い停止）寸前にまでなったが、その後も、債務支払いに苦労する状況に変わりはなく、国際通貨基金（ＩＭＦ）による融資などで何とか乗り切っている状態であった。

ここで米国がＩＭＦの融資を停止させるようなことになれば、パキスタン経済が破綻する恐れがあった。逆に、もし米国に協力すれば、寛大な経済支援が期待できた。実際に、米国は「テロとの闘い」でのパキスタンの政策転換により、経済制裁解除、債務繰り延べなどの措置をとった。そのためパキスタンは、米国にとり「援助停止国」から「三番目に大きい援助受入国」（二〇〇八年二月、ネグロポンテ国務副長官の上院外交委員会証言）に急変することになる。日本も四〇〇〇万ドル（四七億円）の緊急経済支援、公的債務繰り延べなどの支援策を決定した。

ムシャラフ大統領のテレビ演説

９・11テロ事件から八日たった九月一九日、ムシャラフ大統領が軍服姿で国営テレビに現れ、約三〇分間の演説を行った。この演説で大統領はパキスタンが「テロとの闘い」に参加することを発表した。

パキスタン国内では宗教界を中心に米軍がイスラム教国であるアフガニスタンを攻撃しようとしていることに対し批判の声が上がっていた。中には、「９・11事件はイスラエルの情報機関であるモサドが仕組んだ」などというユダヤ陰謀説を唱える者も現れていた。カラチやペシャワールなどの都市では、反米、反ムシャラフ大統領の抗議デモが発生していた。米軍がアフガニスタンを攻撃すれば、ムシャラフ政権と米国に「聖戦」を仕掛ける、などと殺気立つ者もいた。世論調査を見ても、米軍の軍事作戦にパキスタンが参加することに対し反対の意見が多数を占めていたため、パキスタン政府がテロ掃討作戦に協力することには国内の強い反発が出るであろうことは予想されていた。ムシャラフ大統領のテレビ演説の目的は、国民の理解を求め、そうした国内の反発を抑えることにあった。大統領は、概要次のように語った。

「テロとの闘いで米国がパキスタンに求めているのは、インテリジェンスなどの情報交換、領空使用、兵站面での支援の三つである。米国は国連安保理決議という形で国際社会の支持を得ている。そうした決議ではテロとの闘いを呼びかけており、すべてのイスラム教国もこの決議を支持している。パキスタンにとっての重要課題として、国家安全保障、経済回復、戦略的兵器（核及びミサイル）、カシミール問題の四つが挙げられるが、今パキスタンが誤った決定を行うと、こうした重要課題に悪影響が生じる。宗教界の指導者たちは感情に任せた決定をしようとしているが、危機的状況においては賢明な選択をすべきである。私は軍統合情報局（ＩＳＩ）長官に親書を託し、タリバンのオマル師の下に送った。オマル師には事態の重大さを指摘している。アフガニスタンとタリバンを救うためには我々が国際社会から孤立するのではなく、むしろ国際社会によるテロとの闘いに加わり、国際社会が取る決定に影響を及ぼす方が得策である。」

ムシャラフ大統領は国連安保理決議がすべてのイスラム教国の支持も得ていると述べることにより、テロとの闘いが決して「イスラムとの闘い」、あるいは「アフガニスタン（国民）との闘い」ではないことを強調した。イスラム原理主義勢力であるタリバンに同情的な姿勢を示す宗教界の意見は感情的なものであり、理性的ではないと切り捨てている。

また、「米国に自制を促している」「米国にウサマ・ビン・ラディンが事件に関与したとする証拠を示すよう要求している」とも付け加え、パキスタン国内の反米感情に対する配慮も示した。

総じて、この演説はパキスタンの置かれている厳しい状況、「テロとの闘い」への参加が大統領にとっていかに苦渋の決断であったかを示すものであった。

ムシャラフ大統領は、「パキスタンは極端に微妙な状況に直面している。私の意見では、一九七一年以来最も微妙な状況にある」と述べた。一九七一年といえば、パキスタンがインドとの戦争（第三次印パ戦争）に敗れ、国土の一部であった「東パキスタン」が「バングラデシュ」として分離独立した年である。ムシャラフ大統領の決断は、それほど重大なものであった。

タリバンとの決別

アメリカにとっての「テロとの闘い」とは、アル・カーイダ及びアル・カーイダを匿うタリバンが対象であったが、パキスタン、具体的には、軍の情報機関である軍統合情報局（ＩＳＩ）はタリバンを育て、支援してきたわけであり、「テロとの闘い」に参加することは同胞でもあるタリバンとの決別を意味した。米軍が空爆を開始した一〇月七日にムシャラフ大統領はマハムード・アハメドＩＳＩ長官を更迭したが、これは、親タリバンの姿勢を転換させることを同長官が渋ったために更迭されたと言われている。

パキスタンにとっては東の隣国である宿敵インドとの対抗上、西の隣国アフガニスタンには親パキスタン政権が存在することが望ましい。一九七九年のソ連のアフガニスタン侵攻後、パキスタンは積極的にムジャヒディンを支援した。*

＊ 米国（CIA）もムジャヒディンを支援したが、具体的には、パキスタン軍統合情報局（ISI）を通じて行われた。ISIはムジャヒディン各派に武器などの支援をどのように割り振るかを任されていたため、自らに都合の良いグループに優先的に支援をまわしていた。

ソ連軍撤退後のアフガニスタン内戦では、パキスタンはヘクマティアル派に肩入れした。ヘクマティアルによるアフガニスタン支配がうまくいかないとわかると、パキスタンはタリバンを育て上げ、公式にはパキスタン政府は否定したものの、軍事面も含め強力にタリバンを支援した。そうした支援のおかげで、タリバンはアフガニスタンの大部分を支配するまでになった。

パキスタンの建国以来初めて親パキスタン政権がアフガニスタンに成立しつつある、とパキスタンは考えていた。つまり、パキスタンにとっては対アフガニスタン政策が最もうまくいっていたと思っていたときに9・11米国同時多発テロ事件が発生し、それまでの政策を大きく転換せざるを得なくなった。パキスタンは、アフガニスタンに親パキスタン政権を樹立するという政策目標の達成を目前にしながら（あるいは、ようやく達成したと思っているときに）、それまでの努力の成果をすべて失う羽目になったのである。

このようにパキスタン政府は「テロとの闘い」への参加後、公式にはタリバン支援を行っていないことになっているが、事実上、ISI、あるいは、ISI要員、元要員によるタリバン支援は現在も継続しているとみられている。公式の政策転換にもかかわらず、タリバンが戦略的な意味でパキスタンの貴重な財産（アセット）であるという事情は変わっておらず、いずれ、連合軍はアフガニスタンを去るであろうし、そうなれば、タリバンが再び政権をとることも十分に予想されたため、パキスタンとしてはタリバンとの関係を完全に断ち切るわけにはいかなかった。

二〇〇六年六月、米国務省テロ対策調整官クランプトン大使は、上院外交委員会で、「我々はパキスタンの地方政府、部族政府の一部はタリバン及びアル・カーイダと結託している可能性があると信じている。中央政府がかかわっているかどうかについては確かな証拠がない」と述べ、さらにISIの関与について質問されると、「ISIがかかわっていないと言っているわけではない。今の時点でISIの関与について確かな証拠がないと言っているだけである」と答えている。このように米政府として公式にISIの関与を認めることは避けているが、非公式には米軍、政府関係者は異口同音にISIによる支援を指摘している。

カシミール過激派との関係

パキスタンにとって9・11事件による大きな政策転換は対アフガニスタン政策にとどまらなかった。パキスタンはインドとカシミール領有権問題を抱えていたが、通常兵力では圧倒的に劣っていたため、カシミール過激派（イスラーム過激派）を通じてインド側カシミールでインドへの武装抵抗を続けた。まともにインドと衝突すれば、パキスタンには勝ち目がないため、「非対称の戦い」に持ち込んでいたわけである。とりわけ、ソ連軍の撤退後は、ムジャヒディンたちがカシミール戦線に参加することとなった。

カシミール過激派による攻撃に手を焼いていたインドが米国に働きかけた結果、米国はパキスタンに対し「テロ支援国」指定をちらつかせて、パキスタンに圧力をかけた。そのため、パキスタンは国内でカシミール過激派の訓練を行うことは難しくなり、やむを得ずパキスタンは訓練キャンプをアフガニスタンに移動させ、タリバンにその保護を委ねることとした。

カシミール過激派たちの目的はあくまでカシミールの独立、あるいは自治権の拡大であり、アル・カーイダやタリバンらの目的とは異なる。しかしながら、カシミール過激派とアル・カーイダやタリバンは、イスラムという絆で結ばれ、しかも訓練キャンプなどで寝食を共にした仲間同士である。パキスタンが「テロとの闘い」に参加し、アル・カーイダやタリバンを攻撃することはカシミール過激派にとっては容認し難いものであった。彼らはそうしたパキスタンの政策をイスラムへの裏切り行為と考えた。

二〇〇二年一月、ムシャラフ大統領は国民に向けテレビで演説し、テロ、イスラム過激主義に対する新たな政策を発表した。その中で、タリバンの生みの親であるマドラサの改革とともに、ラシュカレ・タイバ、ジェイシェ・ムハマドといったカシミール過激派団体の禁止を発表した。この措置の背景には、その前月に武装グループがインドの国会議事堂を襲撃するという事件が発生し、インドが右二団体の犯行と断定、パキスタン政府に対し厳しい対応をとるように要求していたという事情がある。

ムシャラフ大統領は、「テロを決して認めない。いかなる団体であれ、カシミールの大義を口実にしてテロ行為を行うことは許されない」と言っており、もし、額面どおりに受け取るとすれば、これはパキスタンにとっては、カシミール過激派団体との決別、パキスタンのカシミール政策の大転換であり、大きな政策変更であった。

ムシャラフ大統領が「テロとの闘い」への参加を明らかにしたことにより、カシミール過激派だけではなく、パキスタン国内のイスラム教保守派指導者らが米国批判とともにムシャラフ政権を批判した。多くのパキスタン人が抗議行動を行った。その後、アル・カーイダは声明を出し、パキスタン政府やムシャラフ大統領個人に対する批判を繰り返した。[*] そのため、イスラム原理主義者らによると見られる、ムシャラフ大統領に対する暗殺未遂事件が何度か発生するまでになった。

＊ 例えば、二〇〇三年九月二八日、カタールの衛星テレビ局「アル・ジャジーラ」及びドバイの衛星テレビ「アル・アラビア」は、アル・カーイダのナンバー2であるアイマン・アル・ザワーヒリーのものと見られる音声テープを放映した。その中で、ザワーヒリーは、「パキスタンのムシャラフ大統領のおかげで、米国はアフガニスタンにあったイスラム教国を崩壊させることができたのであり、彼の協力がなければ、米国は、アフガニスタンで無実の民を殺戮することは不可能であったであろう。パキスタンにいるイスラム教徒は、この売国奴を追いたて、パキスタンにおいて、イスラム教及びイスラム教徒を守る誠実な指導者を確保するために、団結、協力する必要がある」と述べている。

3　部族地域への軍展開

パキスタンにとっては、「テロとの闘い」への参加は別の観点から、大きな政策転換、困難な決断を要することであった。それは、武装勢力が逃げ込んだ部族地域（ＦＡＴＡ）は、パキスタンの一部ではあるものの、建国以来自治を認め、パキスタン政府の支配が事実上及んでいない地域であるからである。テロとの戦いに参加したことにより、パキスタンは独立以来初めて部族地域にパキスタン軍を進駐させることになる。地元の強い反発が予想された。

筆者は、地元部族の有力者からパキスタン軍が部族地域に進駐した際の様子を直接聞いたことがある。この人物は、そのときの非常に驚いた様子を話してくれたが、軍が進駐して最も地元の怒りを買ったのは、パキスタン軍兵士が立小便をすることである、と真面目な顔で話してくれた。

第6章で、アフガニスタンで連合軍兵士の立小便が地元の反発を買うことを紹介したが、部族地域でも同じことが起きていたわけである。地元のパシュトゥン人たちは、アフガニスタンのパシュトゥン人たちと同じようにしゃがんで小用をたすが、パキスタン軍兵士のパンジャブ人たちはそうした習慣がないらしい。

部族地域は、開発が極端に遅れた地域であり、軍を展開するに当たり、地元との摩擦をなるべく避けるため、軍事一辺倒ではなく、現地部族への政治的な考慮と現地の支持を得るための経済開発を組み合わせた。そのため、パキスタンの対テロ戦略は、軍事作戦だけではなく、政治プロセス、開発プロジェクトの三本柱を基礎としている。第一の柱である軍事力の行使は、部族地域における軍事行動である。第二の柱の政治プロセスは、現地の部族長の権限強化による部族の取り込みである。地元部族と「和平合意」という形で政治的合意を達成し、住民を武装勢力ではなく政府側に付け、テロリストから分離することを目的としている。第三の柱である、開発プロジェクトとは、部族地域で開発事業を推進することによる部族の取り込みを図ろうとするものである。教育・開発・経済活動を通じた住民の意識改革も併せて、目的とされている。

パキスタンによる「テロとの闘い」の初期の頃は、軍事力行使に重点が置かれていたが、軍事作戦が本格化し、それが必ずしも十分な成果をあげないことが明らかになりつつあった二〇〇五年ごろからは、軍事力以外の政治的合意（武装勢力との「対話」）や経済開発の重要性が強調されるようになった。その他、アフガニスタンからの難民等の流入を防ぐため、国境対策として、国境地帯フェンスの設置、出入国管理の強化等を提案し、また、テロやタリバンの活動の温床となっているともみられているアフガニスタン難民キャンプ閉鎖などの取り組みも行ってきた。

パキスタン軍による対テロ軍事作戦の開始

パキスタンは9・11事件以前には、タリバンと親密な関係にあり大々的に支援していたため、米国の圧力により「テロとの闘い」に参戦したとはいえ、進んでアフガニスタンから敗走してきたタリバンを迎え撃つことはしなかった。パキスタンは積極的にタリバンを支援できないとしても、国内でのタリバンの活動を黙認していたと言える。

しかしながら、アフガニスタンからパキスタンに逃げ込んできたのは、タリバンだけではなかった。アル・カーイダなどのテロリスト、武装勢力も併せて、パキスタンに流入した。そうしたテロリストたちについてはパキスタンも何らかの手を打つ必要を感じた。米国の強い働きかけのもと、パキスタン軍はこれまで足を踏み入れたことのない部族地域（ＦＡＴＡ）に初めて展開することとなった。これは、アフガニスタン側で同時並行的に展開する米軍主導の連合軍の掃討作戦との連携でもあった。

二〇〇一年一二月、タリバンと別行動をとっていたウサマ・ビン・ラディンら幹部を含むアル・カーイダはアフガニスタン東部のナンガルハル州のパキスタン国境付近の山岳地帯のトラ・ボラと呼ばれる地域に逃げ込んだ。この地域は、洞窟が多数あり、兵士らが隠れたり、武器を隠匿したり、敵の攻撃をかわしたりするには適していた。国境を越えれば、パキスタンの部族地域であった。

アフガニスタン国内で軍事作戦を行っていた米軍らは地元の反タリバンの軍閥と共に、アル・カーイダの掃討作戦を実施したが、同時に、パキスタン軍一個旅団が部族地域で待ち受けていた。パキスタン軍が部族地域に進駐したのはパキスタンの歴史始まって以来初めてのことである。部族地域の住民が驚いたのは言うまでもない。部族地域はパキスタン政府の支配が及んでいなかったため、密輸に従事し、生活を営んでいる者もいたが、パキスタン軍が展開するとなると、そうした不法行為もやりにくくなった。パキスタン政府は、進駐する前に部族の指導者らと協議し、協力を求めた。その際に、大金が部族側に支払われたとも噂された。さらに、パキスタン軍は部族地域の抵抗を和らげるため、地元の開発を約束し、開発とセットで部族地域に展開していった。

クェッタに避難したタリバン

二〇〇一年に開始された米軍等による軍事行動を受けてアフガニスタンから逃れたタリバンら武装勢力の多くは、まず、アフガニスタンと近接するパキスタンのバロチスタン州の州都クェッタに向かった。当時、クェッタではタリバンが街を堂々と歩いていたという。米国からの圧力を受け、パキスタン当局が武装勢力の取締りを強化すると、武装勢力の多くは部族地域（ＦＡＴＡ）の南ワジリスタンに逃れた。南ワジリスタンはパキスタン政府の支配が事実上及んでおらず、やがて武装勢力の聖域となった。

ただし、タリバンの幹部たちは依然としてクェッタに拠点を置いており、幹部の間での作戦などの議論はクェッタで行われているようである。タリバンの最高評議会はいまだにクェッタに置かれていると見られている。ジョーンズNATO軍最高司令官は二〇〇六年九月、上院外交委員会で「タリバンの本部がクェッタのどこかにあるということは一般的に受け入れられている」と証言している。

部族地域（FATA）のワジリスタンならいざ知らず、タリバンがクェッタを拠点にしているという事実は、その気になればパキスタンはタリバン幹部の拘束が可能のように思える。それにもかかわらず、そうしたことが行われないということは、いまだにタリバンはパキスタン政府、とりわけ情報機関（ISI）とつながっているという疑念を抱かせる結果となった。

二〇〇七年二月末、タリバンの最高幹部の一人で、タリバン政権の国防大臣であったムラー・オバイドゥラーがクェッタで拘束された。オバイドゥラーはタリバン最高評議会のメンバーでもあり、最高指導者オマル師に会うことができるごく限られた者の一人であるという。この拘束とちょうど同じ日にチェイニー米副大統領が武装勢力の掃討作戦をもっと強力に行うよう圧力をかける目的でパキスタンを訪問したため、これはチェイニー副大統領への「おみやげ」ではないかと囁かれた（オバイドゥラーは、チェイニー副大統領来訪より前にパキスタン当局に拘束されていたが、その公表を来訪に合わせた、という説もあった）。

パキスタン政府はそれまで常に、タリバン幹部などアフガニスタンに攻撃を仕掛ける武装勢力はパキスタンの国境地域にはいない（いわんや、クェッタのような都市にはいない）、と主張していたのであり、オバイドゥラーの拘束は、パキスタンのそれまでの主張と食い違った。この拘束は、タリバン幹部がパキスタン、しかもしきりに噂になっていたクェッタにいることを示すと共に、パキスタンはその気になればタリバンの最高幹部を拘束することができるが、敢えてそれをしていないのではないか、という疑念を一層強めることとなった。

この拘束事件をきっかけに、タリバン幹部らが堂々とクェッタの街を歩いたり、気軽に会合を持ったりすることは控えるようになった。タリバンが隠密に行動するようになったので、タリバンの活動は以前より見えにくくなった。

後述するが、アフガニスタンから逃れたタリバンとは別に、地元のパキスタン人たちがタリバン化し、パキスタン国内でテロを頻発させるようになったので、パキスタン政府、治安当局としては、こちらの「ローカル・タリバン」により大きな関心を持ち、その取締りに力を入れるようになる。

その一方で、「アフガン・タリバン」の方はアフガニスタンでの勢力拡大に関心があり、パキスタンには大きな関心を持っていなかったので、パキスタンにとってもあまり害を及ぼすような存在ではなかった。そのため、取締りを熱心に行う様子は見られなかったが、米国の圧力を受け、まさに例外的なこととして、オバイドゥラー拘束が起きたようである。

ワジリスタンでの戦闘

二〇〇三年一〇月には、武装勢力掃討作戦のため、パキスタン軍が部族地域の南ワジリスタン管区に入った。二〇〇四年三月から大規模軍事作戦が展開され、二〇〇四年四月及び二〇〇五年二月には地元部族との間で和平合意が結ばれた。この合意により、パキスタン政府側が軍を撤退させる代わりに、地元部族側は外国武装勢力を立ち退かせる等の約束をした。この合意に従えば、外国人武装勢力の越境攻撃等は止むはずであったが、そうしたことは実現せず、実質的に和平合意は形骸化した。

南ワジリスタンでの掃討作戦のため、武装勢力の多くは北ワジリスタンに逃れた。北ワジリスタンは南ワジリスタンよりパキスタン軍にとっては軍事作戦が困難な地、武装勢力にとっては追手を逃れ、隠れやすい地である。このように見ると、テロリストたちの「安住の地」「聖域」は、9・11事件の前はアフガニスタン、その後、「テロとの闘い」により、パキスタン都市部を経て、南ワジリスタン、そして北ワジリスタンへと移動し、そこで態勢の立て直しが図られるようになったと言える。

武装勢力の移動に伴い、二〇〇四年終わりごろから二〇〇五年にかけて、掃討作戦の中心も北ワジリスタンへ移動した。

二〇〇五年一〇月にパキスタン北部で大地震が発生し、軍はその対応のため、その年末までは軍事作戦を中止せざるを得なくなった。この期間に、武装勢力が態勢を立て直すようになった。

二〇〇六年に入ると武装勢力側から軍への攻撃が頻発するようになった。五月には軍の監視所で軍に対する初の自爆テロが発生するなど、両者の戦闘が激しさを増し泥沼化の様相を呈していた。その結果、九月五日に北ワジリスタン和平合意が結ばれた。

南北ワジリスタンでの戦闘は激しく、パキスタン軍は八万の兵力を投入し、四三二名の犠牲を出すこととなった。その一方で、パキスタン政府はテロリストを八〇八人殺害、一三九五人逮捕したと発表しており、一定の成果を上げたことを強調している。北ワジリスタンでのテロ掃討作戦の過程で、二〇〇五年一二月に、米国による空爆があり、アル・カーイダのナンバー3とみられたエジプト人ハムザ・ラビアが死亡している。

パキスタンの部族地域は、パキスタン独立前の英領植民地時代にも英国支配に抵抗し、自治権を認められていたことは前述のとおりである。地元のパシュトゥン人たちが外部勢力による支配を認めないという歴史は大英帝国よりはるか昔に遡ることができる。この伝統は、支配を試みる相手がパキスタン政府となっても変わらなかった。部族地域のパシュトゥン人にとっては、パキスタン政府軍は「外国軍」であり「侵略軍」である。地元住民にとっては、英軍による侵略と同様にパキスタン軍による攻撃に抵抗し、それを撃退した。ソ連によるアフガニスタン侵攻がうまくいかなかったのと同様にパキスタンによるワジリスタン侵攻もうまくいかなかったということである。

4 ローカル・タリバン

タリバンが部族地域（FATA）のワジリスタンに逃れ、そこで戦闘が行われるようになった二〇〇四年頃から、「ローカル・タリバン」と呼ばれる勢力が台頭してきた。「ローカル・タリバン」はアフガニスタンから逃れてきたタリバンの影響を受け、極端なイスラム原理主義の思想をもち、武装化した者たちである。「ローカル・タリバン」という一つの組織があるわけではなく、部族地域の住民たちが過激化し、かつてアフガニスタンを支配した組織「タリバン」と同様の思想を持ち、似た振舞いをするので、そのように呼ばれている。アフガニスタンの「タリバン」のメンバーというわけではない。

「タリバン」と「ローカル・タリバン」のいずれも過激化したパシュトゥン人という点で共通しており、

両者の間に何らかの連携があることは考えられるが、「ローカル・タリバン」が「タリバン」に服し、オマル師の指揮下にある、ということはない。

ソ連軍のアフガニスタン侵攻がアフガニスタンでムジャヒディンを生み、それがタリバンの誕生につながったが、「ローカル・タリバン」は、米軍などによるアフガニスタン攻撃及びパキスタンの米国支持の政策に反発して誕生した。もともとの「タリバン」がアフガニスタン人であったのに対し、「ローカル・タリバン」はパキスタン人である。

「ローカル・タリバン」はアフガニスタンを「占領する」外国軍（不信心者）へのジハードに加え、米国を支援する不信心者の世俗政権であるパキスタン政府に対するジハードを目的としている。「タリバン」がアフガニスタンでイスラム教の原理主義に基づく政府を樹立することをめざしていたのと同様、「ローカル・タリバン」はパキスタンで厳格なイスラム教に基づくイスラム政府を樹立することをめざした。

また、「タリバン」の考え方がパシュトゥン人の部族の伝統や習慣に影響されていたのと同様に、「ローカル・タリバン」の思想も部族地域の伝統や習慣に影響されていた。

かつてのタリバンのように「ローカル・タリバン」は、厳格なイスラム教の実践を人々に求めたり、彼らが「反イスラム」とみなす、ビデオ、CD店や女子の学校を攻撃するなどしたりした。また、地元住民に対する恫喝として、斬首の上、死体に「アメリカのスパイ」、あるいは、「アメリカに協力した者は同じ運命をたどる」といったメモが残される事件が頻発するようになった。大勢の住民たちが見守る中、「アメリカのスパイ」に対する公開処刑が白昼堂々と行われるようなこともあった。

こうした斬首事件や処刑がどれだけ発生しているのか正確な数字はわからないが、例えば、地元パキスタンの『ドーン』紙の二〇〇六年四月二二日の社説は、ワジリスタン情勢が深刻になっていることを指摘し、「『アメリカのスパイ』と見なされ斬首される事件が一日おきに発生している。これまで武装勢力は『政府寄り』の立場、すなわち、外国人武装勢力の存在に反対する立場をとると疑われるマリク（部族長）を一五〇人近く殺害した」と記しており、そうした斬首事件が部族地域では日常茶飯事であるとともに武装勢力の力が部族長の力を凌ぐようになりつつあることを窺わせている。

部族自治にとってかわる

部族地域（ＦＡＴＡ）では、マリクと呼ばれる部族長の支配の下で部族による自治が認められていることは前述した。これは、パキスタン独立前の英国植民地時代から存続している制度である。大英帝国はマリクに自治権を認める代わりに大英帝国への服従、忠誠を求めた。大英帝国がパキスタン政府（パキスタン大統領）に代わっても、この基本的な支配構造は変わらなかった。

しかし、「ローカル・タリバン」によるマリクの殺害に象徴されるように、長年にわたる部族自治、部族支配の構造が、「ローカル・タリバン」の出現により、崩れようとしている。

すなわち、「ローカル・タリバン」の台頭は、それまでは部族の長老など伝統的な指導者の命令は絶対的であったが、そうした命令に従わない分子、特に、若く思想的に過激化した分子、場合によっては、部族の指導者にも反抗し攻撃する勢力が現れるようになったことを意味した。地元住民の中には伝統的に腐敗しているマリクに頼らず、タリバンに正義を求めようとする者も現れるようになった。

部族地域は、部族社会であると同時に極めて保守的なイスラムの地域、すなわちイスラム教の影響力が非常に強い地域である。アフガニスタンからパキスタンの部族地域にタリバンというイスラム原理主義勢力が流入したことにより、部族社会の要素より、イスラム原理主義の要素がより強く現れるようになってきた。部族の権威に代わり、イスラム原理主義という宗教の権威が勢いを増してきた。そのため部族の秩序を守らず、原理主義勢力に従う傾向が強まったのである。部族地域での「力の重心」、あるいは「力の源泉」が部族からイスラム原理主義に移りつつあることを意味した。

同じく『ドーン』紙の二〇〇七年二月二二日の社説では、「二〇〇四年に部族地域で問題が始まって以来、武装勢力は政府寄りのスパイという罪で数百人を処刑しているが、その犯人はほとんど逮捕されたことがない」と述べ、部族地域がローカル・タリバンに事実上支配され、無法地帯となっている状況を記している。

その当時、北西辺境州では、タリバン作成のＤＶＤが出回っていたが、中には一〇代の少年がパキスタン兵士の首をのこぎりで切り落とすという残虐な映像が含まれていた。こうしたＤＶＤなども反政府、反治安当局感情を煽っていた。

部族地域でそうしたイスラム原理主義勢力が台頭する土壌は、一九八〇年代にソ連のアフガニスタン侵攻に抵抗するムジャヒディンへのパキスタンの支援、九〇年代以降のパキスタンによるタリバンの育成、支援を通じて育まれてきたものである。パキスタンはこの「ローカル・タリバン」に手を焼くことになるが、元はと言えば、パキスタン自身の政策が原因となって、そうした勢力が生まれてくるのである。

部族地域に「ローカル・タリバン」が出現し、秩序が乱れ、部族地域の伝統的な政治・行政機構も機能しなくなり、経済活動も阻害されるようになると、ますます、イスラム原理主義のタリバン思想が部族地域に広まるようになった。すなわち、「ローカル・タリバン」の出現が、秩序の破壊を通じて更なる「ローカル・タリバン」を生み出すという悪循環が生じるようになった。また、部族地域での秩序の乱れに対するパキスタン軍の軍事攻撃も地元住民をタリバン側に追いやることに寄与していた。地元住民の中で心底からタリバン思想に共鳴する者はそれほど多くはないであろうが、部族地域の悪化する状況が「ローカル・タリバン」寄りの住民を生み出していった。

米国とパキスタンの思惑の相違

米国とパキスタンは「テロとの闘い」というスローガンでは一致しており、共に戦うパートナーであるが、両者の間では、戦うべき「敵」は微妙にずれていた。米国にとっては、もともとアフガニスタン戦争は9・11テロ事件を引き起こしたアル・カーイダ関係者の拘束・殺害が目的であったわけであり、当然、そうしたアル・カーイダらグローバル・ジハーディストが「敵」である。そうしたテロリストたちを匿う限りにおいては、タリバンらも同じように「敵」となる。

米軍をはじめとした連合軍がアフガニスタンに展開し、アフガニスタンの安定をめざすようになると、そうした国家再建の努力を妨害するタリバンなどの武装勢力との戦いも必要になった。そうした武装勢力がパキスタンを拠点に活動し、しばしば国境を越えて、アフガニスタンへの侵入をしているため、米国としてはパキスタンがそうしたアル・カーイダやタリバンと戦うことを期待した。

しかしながら、パキスタンにとっては、「テロとの闘い」は自国の治安や安定を脅かす武装勢力の掃討が主眼であった。アル・カーイダやその影響を受けたイスラム過激派がパキスタン政府やムシャラフ大統領自身に対し攻撃をしかけるのであれば、その取締りには熱心になった。ムシャラフ大統領を狙った暗殺未遂事件が幾度か発生しており、大統領はイスラム過激派対策に本腰を入れざるを得ない事情にあったのも事実である。

しかしながら、当時はローカル・タリバンを含め、タリバンは基本的にはアフガニスタンでの戦闘に関心を有しており、パキスタン政府に対する直接の敵意は持っていなかった*。その上、もともと、パキスタンはタリバンを支援していたという事情もあるため、パキスタンはタリバンの取締りや拘束にはそれほどの関心が無かった。

* その後、特に二〇〇七年七月のラール・マスジッド事件後、ローカル・タリバンらパキスタンの武装勢力はパキスタン軍との対決姿勢を強め、激しい戦闘を行うようになる。後述参照。

報道では、タリバンがクエッタなどパキスタン国内で公然と活動している様子が伝えられたが、パキスタン政府として、法を犯しておらず普通に生活するタリバンのメンバーをタリバンのメンバーであるが故に拘束することはなかった。パキスタンにとっては、親パキスタンのタリバンを含め、イスラム過激派グループは、パキスタン寄りの立場をとらないアフガニスタン政権への圧力行使、あるいは、カシミール問題でのインドとの交渉が行き詰まった時にテロ攻撃という形での武装闘争への路線変更をする「タマ」として温存しておく必要があった。

言い換えれば、パキスタンからイスラム過激派を一掃することは、パキスタンの安全保障環境に鑑みれば、決して好ましい選択肢ではないという事情があった。タリバンがパキスタンを基地にしてアフガニスタンへの越境攻撃を繰り返し、米兵の死傷者が絶えないという状況下、タリバンを真剣に取り締まる様子がないパキスタン政府の態度に米国が不満を募らせていったのは、両者の思惑の違いが表面化したことに他ならない*。

* 米国政府は、公式には、「パキスタンは9・11テロ事件以降、どの国よりもアル・カーイダ及びタリバン関係者を拘束あるいは殺害した。これはすばらしい実績である。我々はパキスタン政府及び治安部隊の働き振りを賞賛する必要がある。ムシャラフ大統領は『テロとの闘い』における欠くことの出来ない同盟者である」と言い続け（二〇〇七年一一月、米下院外交委員会公聴会でのネグロポンテ米国務副長官発言）、パキスタンの対応を評価した。

このようにパキスタン軍による部族地域でのテロ掃討作戦の真剣さについては疑問が出されたが、では、もしパキスタンがテロを撲滅する必要性を理解し、本気でテロ掃討作戦を実施したとして、どれだけの成果が上がったであろうかという点については、パキスタン軍の装備、訓練、経験などに照らし、やはり十分に期待に応えることはできなかったと思われる。パキスタン軍は主としてインドとの戦いを想定し組織され、装備、訓練などが施されているが、部族地域での対テロ作戦などは想定されていない。後述するラール・マスジッド事件後、パキスタン軍は武装勢力と本格的に対峙することになるが、現実に苦戦を強いられている。パキスタン軍はテロ掃討作戦の「意思」が疑わしかっただけではなく、その「能力」についても十分に備わっていなかった。

パキスタンの「意思」について付言すると、パキスタンはイスラム過激派の武装勢力を対アフガニスタン政策であれ、カシミール政策であれ、自らの都合の良いように利用できると考えて、それを撲滅せず、むしろ温存させることを考えたが、武装勢力の方は、パキスタンの言いなりになるつもりはなかった。つまり、パキスタン（軍や情報機関）は、武装勢力を支配しているつもりでいたが、現実には、パキスタンが考えるほどの支配が武装勢力に及んでいなかった。

このような認識不足のため、ラール・マスジッド事件後にイスラム過激派武装勢力が本気で軍をはじめとした治安機関を攻撃するようになることはパキスタン軍にとっては予想外であったし、まさに「飼い犬に手をかまれた」ような状態になった。武装勢力による攻撃で被害が増大し、パキスタン軍は泥沼に陥ることになる。

5　和平合意

軍事力よりも和平合意で

パキスタン軍による軍事作戦は期待した成果を収めることができず、また、軍の被害が増大するに伴い、軍事力ではなく、地元部族との政治的な合意により、武装勢力の問題を解決しようという動きが見られるようになった。

二〇〇七年までに部族地域（ＦＡＴＡ）において主なものとして四つの管区で和平合意が締結された。二〇〇四年及び二〇〇五年に南ワジリスタンにおいて、二〇〇六年九月に北ワジリスタンにおいて、政府側と地元部族との間で和平合意が結ばれた。二〇〇七年に入り、三月にはバジョール、八月及び九月にはモーマンドで和平合意が成立している。

こうした和平合意では、アル・カーイダなどの外国人テロリストたちの扱いを地元部族に任せることとなっている。すなわち、それまでパキスタン政府（軍）が直接、武装勢力と対峙していたが、軍は前面から退き、地元部族に武装勢力の扱いを委ねることになる。いわば、部族地域の長年の伝統に戻り、地元部族のイニシアティブを尊重するというのが和平合意の趣旨である。

パキスタン軍にとっても、地元住民の反発を買うだけでなく、イスラム原理主義に同情的な多くのパキスタン国民からも不評であった軍事作戦を面子を失うことなく中止することが可能になった。もともと、パキスタン政府はタリバンについては「敵」ではなく、どちらかといえば「同志」だったのであり、攻撃は躊躇されるところであった。パキスタン軍が攻撃をしかけたために、地元武装勢力は反撃したが、もともとは武装勢力の目的はアフガニスタンでの米軍、国際治安支援部隊（ＩＳＡＦ）等との戦闘であり、パキスタン軍への攻撃は主たる目的ではなかった。

パキスタンにとっては、このように、もともと乗り気でなかった戦争を開始し、予想に反し苦戦（事実上敗戦）し、死傷者が多数出た上に、タリバンを敵に回してしまうという、悪いことばかりの掃討作戦であった。パキスタンにとり和平合意はまさに「渡りに船」であった。

北ワジリスタン合意

これら和平合意のなかで代表的な例である北ワジリスタン合意を見てみる。

この合意成立の背景事情としては、まず、パキスタン軍が戦闘で多大な損害を蒙ったことが挙げられる。パキスタン軍は南北ワジリスタンにおいて、アフガニスタンにおける国際治安支援部隊（ＩＳＡＦ）及び「不朽の自由作戦」（ＯＥＦ）展開規模（二〇〇七年三月時点で、ＩＳＡＦ合計三万六七五〇人、ＯＥＦの米軍約一万人）をはるかに超える八万五〇〇〇名規模で展開し、激しい戦闘の末、死者四三二名、負傷者一二〇〇人もの犠牲を出している。また、住民が巻き添えになるため地元部族から反発や厭戦感情も高まってきていた。従って、地元部族は被害回避という点から和平合意を望んだ。

さらに、この部族地域では伝統的にマリク（部族長）が絶大な力を持ち部族民たちを治めており、テロとの闘いではこうしたマリクの協力が欠かせないことから、パキスタン政府は部族勢力を取り込むことを選択した。また、武装勢力側としては、主たる敵はアフガニスタンに展開する多国籍軍であり、パキスタンではない。このため、パキスタンとの間では合意を結ぼうという意向があったと見られる。

北ワジリスタン合意の主要なポイントは、政府側が軍事作戦を中止する代わりに、地元部族側は戦闘目的でのアフガニスタンへの越境を禁止し、また、アル・カーイダや外国人武装勢力の管区内滞在を禁止することであった。

なお、ここで言う「外国人武装勢力」は主としてウズベク人などの中央アジアの外国人やアラブ人である。ワジリスタンにはウズベキスタン・イスラム運動（Islamic Movement of Uzbekistan, IMU）というテロ組織が活動していることが知られている。ＩＭＵはウズベキスタンのカリモフ政権を打倒しイスラム法に基づくイスラム国家を樹立することをめざして一九九〇年代の初めに結成されたが、ウズベキスタン政府の弾圧を逃れ、国外に脱出した。タリバン支配下のアフガニスタンで態勢の立て直しを図り、タリバン、アル・カーイダとの連携の強化を通じて、グローバル・ジハードの思想をより強く持つようになった。ＩＭＵは一九九九年八月に、キルギスで国際協力事業団（ＪＩＣＡ）派遣の日本人専門家四名らを誘拐する事件を起こしたことでも知られている。

ＩＭＵは二〇〇一年の米軍によるアフガニスタン攻撃の後、アル・カーイダと同様にワジリスタンに移動してきた。オラクザイ北西辺境州知事は地元テレビ番組で「外国人の大部分は、ウズベク人、チェチェン人など中央アジア人である。彼らの多くが軍事作戦により掃討されたが、約一五〇～二〇〇人ほどが残っている。しかし、誰も正確な数字はわからない」と述べている。

仮に北ワジリスタン合意が遵守されているとすれば、アフガニスタンへの越境攻撃はなくなるはずである。しかしながら、こうした和平合意の問題は、地元部族が約束したことを守ることを担保する手段が実質上存在しないことにある。

実際、和平合意後、パキスタンからアフガニスタンへの武装勢力の越境はおよそ四〇件から一四〇件と三倍以上に増えた。国際治安支援部隊（ＩＳＡＦ）によれば北ワジリスタンに接するアフガニスタンのパクティィカ州及びホースト州での攻撃件数がそれぞれ七〇％及び五〇％増加した。

パキスタンにとっては、本音のところ、和平合意はタリバン（ローカル・タリバンを含む）など地元武装勢力によるパキスタン軍への攻撃をやめてもらうのが狙いであったため、そうした武装勢力がパキスタン軍に攻撃を仕掛けるのではなく、アフガニスタンに越境し、アフガニスタンで戦闘を行うことについては、それをやめさせようとすることにはあまりプライオリティーはなかった。米国など国際社会からの圧力を考慮し、和平合意には越境禁止条項が含まれたが、地元武装勢力がこの条項を守っていないからといって、パキスタン政府が何らかの効果的な手段を講じることはなかった。

和平合意への批判

このように現実には和平合意は十分に機能せず、越境攻撃が増加していったが、そうした現実が明らかになるにつれ、和平合意は、武装勢力に休息、そして勢力回復の機会を与えただけに過ぎない、という批判の声が上がるようになった。そしてそうした批判は、和平合意を締結したパキスタン政府への批判でもあった。

二〇〇六年一二月二一日付『ワシントンポスト』紙の社説では、北ワジリスタン合意は守られておらず、パキスタンからのアフガン駐留米軍への越境攻撃は増加していること、アル・カーイダが活動拠点を構築し、複数のキャンプを運営していることが指摘されている。これはほんの一例であるが、米国の主要メディアは概ね同様に北ワジリスタン合意及びパキスタン政府に批判的な記事を掲載した。

米国政府は当初、パキスタン政府の置かれた状況に配慮し、パキスタン政府を露骨に批判する姿勢を差し控えていたが、二〇〇七年に入ると批判的な立場を明言するようになった。

米国防情報局（ＤＩＡ）のメープルズ長官は、二〇〇七年二月二七日に米上院軍事委員会に提出した「現在及び予想される将来の米国の安全保障上の脅威」と題する報告において、北ワジリスタン合意について、「地元部族は合意のほとんどの条項を遵守しておらず、アル・カーイダのネットワークがこの合意を利用し移動及び活動の自由を増加させている」と述べた。

米軍のアイケンベリー中将(前アフガニスタン連合軍司令部司令官)も、「北ワジリスタン合意は我々が期待していた成果を上げていない。越境攻撃件数は一年前にくらべ二—三倍増加した」（二〇〇七年二月一三日上院軍事委員会）と述べており、北ワジリスタン合意に対し非常に厳しい評価を下している。

エデルマン米国防次官は、「北ワジリスタン合意直後から越境攻撃がほぼ確実に増加している。我々（米国政府）は、ムシャラフ大統領及び関係者に直接、北ワジリスタン合意についての我々の疑念及び留保を表明してきた」（二〇〇七年三月一日、米国上院軍事委員会）と証言している。

米国は基本的に武装勢力との妥協を認めない。パキスタンが結んだ和平合意は、米国の目には、武装勢力との妥協であり、テロとの闘いで共に闘ってきたパキスタンの「戦線離脱」とも受け取れるものであった。

次章で述べるが、二〇〇七年七月のラール・マスジッド事件を契機として、和平合意は破られ、戦闘が再開するようになる。

6　部族地域での空爆事件

部族地域（ＦＡＴＡ）では時折、空爆が実施されているが、その中には米国が行っているのではないか、と疑われているものもある。パキスタンの対応が生温く、十分ではないことに業を煮やした米国が機会を捉え、実力行使に及んでいるのではないかという疑いである。

バジョール空爆事件

二〇〇六年一〇月、バジョール管区内のイスラム過激派系のアル・カーイダ等が参集していたと見られているマドラサが空爆され約八〇名が死亡するという事件が発生した。一説には、これはザワーヒリーを狙ったものであるとも言われている。この事件に関し、パキスタン政府は、パキスタン軍がテロリスト掃討のため武装ヘリコプターからのミサイル攻撃を行ったと説明した。

他方、地元住民の証言や報道によれば、爆撃は、パキスタン軍ではなく、米軍の無人機（ＭＱ―１プレデター）が行ったものであり、後でパキスタン軍が攻撃したように偽装したとしている。住民たちは、ヘリコプターと米軍の無人機の音の違いをよくわかっており、パキスタン軍が言うようなヘリコプターからの攻撃ではないと主張した。もし、パキスタン軍がマドラサを攻撃しようとしたのであれば、空爆などの必要はなく、たんに近くに駐屯している軍を出動させれば良いだけであり、パキスタン軍の発表は不自然であると指摘された。

このマドラサはテロリストの訓練キャンプとして使われていると見られていた。このマドラサからアフガニスタン国境までは数キロの距離であり、国境を越えたアフガニスタンのクナール州では米軍がテロ掃討作戦で苦戦を強いられている地域である。米軍にしてみれば、このマドラサで訓練を受けたテロリストたちが国境を越え、攻撃を仕掛けてくるという現実に何らかの対処が必要であると感じていたであろう。

さらに、爆撃のあった日がちょうどバジョールでも北ワジリスタンと同様の和平合意の署名予定日であったことから、米国は、和平合意によりバジョール管区がテロリストの聖域となることを阻止するために実力行使に至ったとの見方も出された。

このバジョール空爆事件の九日後には、北西辺境州ダルガイのパキスタン陸軍新兵訓練所においてバジョール空爆事件の報復と見られる自爆テロ事件が発生し、兵士約四〇名が死亡した。ダルガイの陸軍新兵訓練所はバジョールから最も近い軍関連施設である。

事件後、ローカル・タリバンを自称する男が新聞社に犯行を認める電話をした。男は、テロの犠牲者がバジョール空爆で死亡した八〇名と同じ数になるまでテロを実行すると述べた。バジョール空爆事件では子供たちが殺害されたため、ダルガイ事件では軍隊に入りたての若い兵士（軍にとっては「子供」）たちが狙われたと見られた。

パキスタン軍によるテロ掃討作戦では、9・11事件以前のパキスタン政府（軍）と武装勢力との緊密な関係などから、どれほど真剣に戦闘が行われているか、疑問が出されることがあった。武装勢力側も、「テロとの闘い」に加わらざるを得ないという軍の置かれた立場にある程度理解を示し、本気で軍を相手に戦う意図があるか不明であった。そのため、テロ事件が増加するようになっても、軍を狙ったものは多くはなかった。

しかし、このダルガイ事件が発生するに至り、武装勢力側も本気で軍を狙うということが示された。軍としても攻撃されれば、面子にかけて反撃することになる。

二〇〇七年七月には、軍によるラール・マスジッドへの強行突入をきっかけとして、軍と武装勢力との間の戦闘が激化するが、ダルガイ事件はラール・マスジッド事件に先立ち、軍と武装勢力が本気で対立するきっかけとなる事件であった。

南ワジリスタン空爆事件とパキスタン政府の対応

二〇〇七年一月一六日、部族地域の南ワジリスタン管区が爆撃されるという事件が起こった。これも、パキスタン政府によれば、パキスタン軍の攻撃により、外国人武装勢力やアル・カーイダ幹部の潜伏場所及び訓練施設が破壊されたとされているが、実は米軍による爆撃であったとの地元住民の証言・報道がある。

バジョールやワジリスタン管区等と国境を接しているアフガニスタン南東部及び東部は、米軍が掃討作戦を主に実施している地域であり、同地域では、米軍に対する越境攻撃（含む自爆テロ）が頻発していることから、米軍が爆撃した可能性は十分考えられる。なお、米軍関係者は、「アフガニスタン駐留米軍は、自衛のためアフガニスタン領内からパキスタン領内に越境し攻撃する権利を有する」と発言しており、パキスタン領内での米軍による空爆の可能性は否定していない。

空爆は地元に被害をもたらすため、地元住民からの強い抗議を受けるのが常である。仮に部族地域での空爆が住民の証言のとおり米軍によるものであるとして、なぜ、パキスタン政府は自ら空爆したと主張するのであろうか、という疑問が生じる。空爆の責任をかぶることによりパキスタンが得るものがあるのであろうか。その疑問に答えるためには、約一年前の出来事に遡る必要がある。

二〇〇六年一月一三日未明、バジョール管区内のダマドーラ村が空爆され、女性子供を含む、少なくとも住民一八名が死亡するという事件が発生した。これは、米国がアル・カーイダのナンバー2とされるアイマン・アル・ザワーヒリー（エジプト人）を狙って空爆したものであるが、実際には、ザワーヒリーはその場におらず、空爆の目的は達成されなかった。この空爆は、住民の証言等から、米中央情報局（ＣＩＡ）が無人機プレデターを使用してミサイル攻撃した可能性が高い。

その当時、ザワーヒリーは、ほとんど姿を見せなくなったウサマ・ビン・ラディンに代わり、しばしば声明を発出するようになっていた。この空爆の約一週間前の一月六日には、カタールの衛星テレビ局「アル・ジャジーラ」はブッシュ大統領にイラクでの敗北を認めるように要求する、ザワーヒリーのビデオ・メッセージを放映していた。

ザワーヒリーの妻の一人は、部族地域のモーマンド族（パシュトゥン人）出身であり、犠牲祭があったため妻の出身地域付近に潜伏しているという情報がもたらされていたようである。

空爆直後の一部の報道には、ザワーヒリーが空爆で死亡したらしい、という報道もあったが、空爆から二週間以上たった一月三〇日には「アル・ジャジーラ」は再びザワーヒリーのビデオ声明を放映した。ザワーヒリーはその声明の中でダマドーラ村空爆に言及し、米軍が自分を空爆で殺害したと嘘の発表をした、と米国批判を行った。

このダマドーラ村での空爆に対して、地元住民はもとより、首都イスラマバード、カラチ、ペシャワール、ラホール等の都市でも、反米デモが繰り広げられた。特に、カラチにおけるデモは数千人が参加する大規模デモであった。

こうした抗議行動は、「反米」にとどまらず、米国のテロとの闘いを支援する、ムシャラフ政権批判に及んだ。窮地に立たされたムシャラフ政権は駐パキスタン米大使を通じ、公式に米国政府に対する抗議を行わざるを得なかった。

パキスタン政府の公式の立場は、米軍に対しアフガニスタンからパキスタンへの越境攻撃は認めていない。もともと、ムシャラフ大統領は政権基盤が磐石ではない上に、イスラム教の保守的な考え方の根強いパキスタンでこのような米国批判が生じれば、それは政権批判に直結し、政権を揺るがすことになりかねない。パキスタン政府としては、パキスタン領土内での問題はパキスタン政府が処理するという体裁を整える必要があった。このため、ダマドーラ村空爆後の米国による空爆についても、パキスタン政府は敢えて自ら実行したと言わざるを得ないのではないか、という見方がなされた。

7　開発プロジェクト

部族地域への開発支援

パキスタンの対テロ戦略の三本柱の三つ目である「開発プロジェクト」については、上述のとおり、まず、軍が部族地域（ＦＡＴＡ）に進駐するにあたり、地元の抵抗を和らげ、軍事作戦への理解、支持を得るために実施された。軍により、道路や学校の建設、給水や医療プロジェクトなど地元住民の希望に沿ったプロジェクトが実施された。

部族地域の開発は、軍事作戦および政治プロセスの行き詰まりがみられる二〇〇六年末以降、再びその重要性がクローズアップされることとなった。

パキスタン政府は軍事作戦のみでは治安の回復と安定が図られず、問題の根源に開発の遅れがあることを認識し、部族地域の開発を加速させる総合戦略として部族地域の総合開発計画を策定し、二〇〇七年四月、資金拠出国（ドナー）側に提示した。この計画は、五年間の「実施期間」とそれに続く四年間の「予備期間」の計九年間で、総計二〇億ドルに上る一六分野のプロジェクトを実施するというものである。また、この動きを後押しするように米国が積極的な姿勢を見せていることが注目に値する。

二〇〇七年に入り、ブッシュ政権はイラク政策見直しに連動する形で、アフガニスタン戦略についても見直しを行った。パキスタンの部族地域はアフガニスタンにおける治安情勢と切っても切り離せない関係にあるため、アフガニスタン政策の見直しに連動する形で、この部族地域に対する米国のアプローチも見直す必要に迫られた。

ブッシュ大統領は二〇〇七年二月一五日の演説においてアフガニスタンに対する戦略の見直しを説明する中で、パキスタンへの協力にも言及している。ブッシュ大統領は、人々がタリバンを支援するのは他に雇用の機会がないからだと指摘し、そうした現地の住民に希望を与える経済活動を提供する必要があると述べて、その一つの手段としてアフガニスタン・パキスタン国境地域に復興機会ゾーン(Reconstruction Opportunity Zones, ROZ)を設けるという構想を打ち出した。このＲＯＺに投資を誘致し、雇用を創出し、ＲＯＺから生産されるモノは非関税で米国に輸入できるようにするという構想である。

ブッシュ大統領演説の一ヵ月後の三月一五日、バウチャー国務次官補が米国は今後五年間で部族地域の開発戦略のため七・五億ドルをコミットする旨発表した。この戦略は経済開発及び教育その他を含む包括的な戦略となると説明している。

このようにパキスタン及び米国の政策は、当初は軍事作戦が中心であったが、その後、軍事作戦が行き詰まりを見せ始め、また、政府の政策に対する地元部族の支持の必要性が感じられるようになるにつれ、次第に開発への取り組みの重要性が増してきている。開発が進めば地元部族の人心掌握が可能になり、地元部族が政府のテロとの闘いを支援するようになるであろうと期待されている。

部族地域は極端に開発が遅れ、教育も施されていない。そうした経済、社会の遅れのため過激主義、原理主義勢力が住民に付け入る隙を与えている。それ故、貧困や無知といったテロの素地(root cause)をなくすことにより、地元住民が武装集団に加わることが減少するという効果も期待されている。

部族地域開発と過激化対策

上記のとおり、部族地域(ＦＡＴＡ)での開発の遅れがこの地域で過激主義思想や原理主義勢力の広がりの要因の一つであることは疑いの余地はない。しかしながら、開発の遅れが過激化の直接的な原因かと言えば、そうではないことにも注意を要する。

すなわち、近年、経済状況が悪くなり、徐々に部族地域で貧困が進んだために住民たちの間で原理主義思想が広まり過激化していったかと言えば、決してそのようなことではない。部族地域は、昔は貧しくとも平和であり、秩序が保たれていた。

部族地域が変化する転機となったのが一九七九年のソ連軍によるアフガニスタン侵攻である。部族地域がソ連軍と戦うムジャヒディンたちの出撃基地となり、武器とともに「銃の文化」がもたらされ、密輸、麻薬などの違法行為も横行するようになった。

ソ連軍の撤退後、タリバンがアフガニスタンで勢力を拡大するようになる一九九五年以降は、さらに状況が悪化した。アフガニスタンで活躍するタリバンの多くは部族地域のアフガン難民キャンプ出身者であり、部族地域にとっては地元出身者である。しかもタリバンは部族地域住民と同じパシュトゥン民族たちである。部族地域住民たちのなかから、タリバンに共鳴し、参加する者も現れ、タリバンのイスラム原理主義思想がこの地に浸透するようになってきた。

9・11事件後にタリバンが異教徒である米国に倒され、タリバンやアル・カーイダが部族地域に逃げ込み、その上、パキスタン軍が米国と連携して部族地域での戦闘を開始したために、部族地域の一部が過激化し、ローカル・タリバンと呼ばれる勢力が現れるようになったのは、すでに見たとおりである。このような経緯を見ると、「部族地域の住民が過激化した原因は貧困にある」などと結論づけることは、乱暴に過ぎることがわかる。それ故、開発をもたらすことにより、過激化を防ぐことができると考えることも、楽観的に過ぎると思われる。

この地域の秩序が本格的に乱れるようになったのは、ローカル・タリバンという勢力が現れるようになってからであるが、それは、すでにみたように、部族社会を支える「部族の秩序」が崩れつつあり、それに代わって、イスラム原理主義という宗教の要素が強く出るようになったからである。

部族地域の過激化対策として開発を進めるに当たっては、伝統的な部族の権威、部族の「力」を回復させて秩序を回復させようとするのか、それとも、部族という仕組み自体が時代錯誤であり、それを破壊しようとするのか、まず、大きな方針を定める必要があると思われる。単なる開発では解決にはならない。開発で裨益する住民が、自動的に政府寄りの立場をとる、あるいは反過激派勢力として立ち上がる、ということにはならない。

アフガニスタンとの違い

パキスタン政府が部族地域（FATA）で開発プロジェクトを進め、地元住民の人心掌握を図る努力は、アフガニスタン政府による取り組みと似ている。しかしながら、両国の取り組みには、いくつか重要な相違点がある。

まず、アフガニスタンでの開発プロジェクトの一部は、国際治安支援部隊（ISAF）の地方復興チーム（PRT）という形態で進められているが、パキスタン政府は原則として外国軍の自国駐留を認めていないため、パキスタンでPRTをそのまま実施することはできない。

部族地域の治安はアフガニスタンの最も治安の悪い地域と変わらないほど悪い。外国政府が直接開発プロジェクトを進めようとすると、援助関係者の安全をいかに確保するかが重要な課題となる。PRTにおいて軍が果たしている機能をパキスタン軍が担うことは理論的には可能である。だが、現実は、本稿執筆時点（二〇〇八年春）では、そのような動きは具体的には見られない。

アフガニスタンとパキスタンの部族地域の違いの第二点は、アフガニスタンでは新憲法、新政府が成立したため、軍閥支配を廃止し、中央政府の支配をアフガニスタン全土に及ぶようにすることが喫緊の課題であったのに対し、部族地域では、前述のとおり、パキスタンの憲法により、パキスタンの国内法も適用がないという高度な自治が認められている、ということである。

換言すれば、「法の支配」ではなく、部族社会の構造がそのまま維持されることになる。部族地域の住民は、他のパキスタン国民に比べ、パキスタンという国家への帰属意識も希薄である。自分たちが保護を与えている武装勢力がパキスタンや他国に迷惑をかけてもあまり意に介さない。

もともと、「テロとの闘い」は、内戦中のアフガニスタンでアル・カーイダが堂々と訓練キャンプなどを設け、テロ活動の拠点としていたように、まともな政府の支配が及ばない無法地域(ungoverned space)がテロの温床となるという反省を踏まえ、そうした地域をいかになくしていくかということであった。部族地域は法制度上も中央政府の支配が及ばない地域である。現実に、アル・カーイダやタリバンなどの武装勢力がこの地域で勢力を回復しつつある。

部族地域の秩序を回復し、何らかの支配が及ぶようにしなければならないが、これまでのように部族にそれを委ねることは難しいであろう。地元部族には武装勢力を押さえ込む力もないし、むしろ、部族の一部が反政府武装勢力に変化しつつある。それ故、長期的に見れば部族地域をパキスタン国家に組み込み、パキスタン政府の支配が及ぶようにする必要がある。

第10章　不安定化するパキスタン

前章でみたとおり、部族地域でパキスタン軍と地元武装勢力との間の戦闘が行われるようになった頃から、「ローカル・タリバン」が出現するようになった。このような現象は、「タリバン化」（タリバナイゼーション）と呼ばれるが、こうしたタリバンの影響は国境地域を震源地として、徐々に他のパキスタン国内にも広がる動きを見せ、パキスタン情勢を不安定化させていった。

1　パキスタン社会とイスラム原理主義

イスラム原理主義の土壌

パキスタンでのタリバン復活、タリバン化現象の広がりを見るには、まず、パキスタンの事情を理解する必要がある。

パキスタン社会は、もともとタリバン等のイスラム過激思想が蔓延しやすい土壌がある。一九九八年にパキスタン政府が実施した国勢調査によれば、人口の九六％がイスラム教徒である。パキスタンは第二次世界大戦後の一九四七年に、英領インドのうちイスラム教徒が多く住むイスラム教徒たちの国として、インドから分かれて独立した。民族的には、パンジャブ、カシミール、パシュトゥン、シンド、バローチなどさまざまな民族からなるが、イスラム教がいわば接着剤となって多様な民族を結びつけ、一つの国を形成してきた。

そうした成り立ちから、パキスタンという国をまとめるには、イスラム教を強調する必要があり、それは必然的にイスラム原理主義に向かう傾向が見られた。これまで多くの指導者がイスラム教の原理主義を訴え、国をまとめようとし、また、国民の支持を得ようとしてきた。逆に言えば、イスラム教を前面に押し出さなければ、なかなかパキスタンという国のアイデンティティーを求めることができなかった。言語も異なる多民族の融和、統合を達成して、パキスタンという国が真に一つの国としてまとまるためには、イスラムを強調しなければならなかった。

二〇〇六年に米国の非営利組織ピュー・リサーチ・センター（Pew Research Center）が行った調査によれば、調査対象となった国家の中で、帰属する国家の国民としての意識に比べイスラム教徒としての意識が最も強い国がパキスタンである。すなわち、「自分自身をイスラム教徒と考えるか、それとも〇〇国民と考えるか」という問いに対し、パキスタンのイスラム教徒の八七％が「（パキスタン国民というより）イスラム教徒と考える」と回答している。エジプトの五九％、トルコ五一％、インドネシア三六％などの数字に比べると、パキスタン国民のイスラムに対する思いの強さが窺われる。

また、同じくピュー・リサーチ・センターの二〇〇六年の調査によると、9・11米国同時多発テロ事件はアラブ人により実行されたと思うパキスタン人は、一五％に過ぎず、四一％はそうではないと考えている。米国政府の捜査により、9・11テロ事件の実行犯一九名は全員アラブ人（国籍別に見ると、サウジアラビア一五人、アラブ首長国連邦二人、エジプト一人、レバノン一人）であることが判明しているが、パキスタン人の多くは、それを信じていないことになる。

9・11事件後、日本を含む国際社会の圧倒的な同情が米国に寄せられ、「テロとの闘い」が始まったが、そもそもパキスタン人の多くは9・11事件を正確に理解しておらず、そのため米国による「テロとの闘い」に対する同情も比較的薄かったと言える。米国による軍事行動が開始された直後、世界のいくつかのイスラム教国では反米の抗議行動が見られたが、最も大規模な抗議行動が発生したのはパキスタンであった。

二〇〇七年八月に米国の非営利団体テラー・フリー・トゥモロー（Terror Free Tomorrow）が実施した調査によれば、パキスタンにおいては、ウサマ・ビン・ラディンの支持率が四六％にも達していた。パキスタンでは、ウサマ・ビン・ラディンについて西側諸国の人々が抱く、「多くの無実の人間を殺害した数々のテロ事件の首謀者」というイメージはほとんどなく、むしろ、一定の人気を保ち、英雄視さえされる風潮がある。

パキスタンの政治、経済の支配階級において、多数を占めるのはパンジャブ人、シンド人である。パキスタンのパシュトゥン人の多くは、北西辺境州、部族地域（FATA）、そして一部はバロチスタン州に居住するが、「北西辺境州」という名前が示唆するとおり、パシュトゥン人の地域は、国の中心ではなく、「辺境」の開発が遅れた地域である。人口で見ると、パンジャブ人が四四％で最大であり、パシュトゥン人が一五％で第二位、シンド人一四％と続く。アフガニスタンではパシュトゥン人は最大民族であるが、パキスタンでは一五％を占めるに過ぎない。

こうしたパキスタンの現状を踏まえると、パシュトゥン人主体のタリバンあるいは同様の思想を持つ集団がパキスタンの政権をとる、あるいはパキスタン全体を支配するようなことは考えにくい。

しかし、パキスタンはもともとイスラムの考え方が人々の生活の隅々まで強く行き渡っている社会であり、パキスタンの社会全般がイスラム原理主義的傾向を強め、米国をはじめとする西側諸国に反発し、タリバンのようなイスラム過激派団体に対し同情を寄せ、様々な支援を行う、あるいは、そうした団体への武力攻撃には反対するようなことは十分に考えられる。

「名誉のための殺人」

第6章でアフガニスタンにおける「名誉のための殺人」に触れたが、こうした慣行はパキスタンで大々的に行われることが知られている。

パキスタンでは「名誉のための殺人」は「カロ・カリ」と呼ばれている。文字通りには、「カロ」は「黒い男」、「カリ」は「黒い女」を意味し、不貞行為を行った男女を指す。本来であれば、男女双方とも罪になるはずであるが、現実の被害者は女性が圧倒的に多い。

また、女性が不貞をはたらいたというだけではなく、例えば、親が決めた結婚話に従わなかったとか、男といちゃついた、あるいは、家事をしっかりしなかった、などという理由で女性が殺されるような例もある。

二〇〇四年七月、パキスタンのハヤト内相は議会で、一九九八年から二〇〇三年までの六年間で政府が把握しているだけでも「カロ・カリ」の犠牲者は四一〇一人おり、そのうち男は一三二七人（三二％）、女は二七七四人（六八％）であることを明らかにした。女性の犠牲者は男性の二倍を超えている。

言うまでもないが、この数字は、パキスタン人の男性が、世界の男の中で珍しく女性に比べ貞操をしっかり守る、などということを意味するものではない。むしろ、男の方が「ずるい」ということを示している。

「カロ・カリ」の理屈は、「不貞をはたらいた女性のためにその家族（とりわけ、家族の中の男のメンバー）の名誉が著しく傷つけられた、だから自分たちの手で女性を殺す」というものである。しかも、きちんとした捜査あるいは裁判の上で、罪が確定する、というようなものではなく、たんに疑いをかけられたというだけで殺される、ということも珍しくない。極端な例では、夫の夢の中で妻が不倫したために、その夫が目を覚ましたときに妻を殺したなどということもある（逆に、夫が不貞をはたらいたことを理由に、その妻が夫を殺したという例を筆者は寡聞にして聞いたことがない）。

パキスタンのNGO団体である「パキスタン人権委員会」の報告書によれば、「名誉のための殺人」による女性の犠牲者は、二〇〇五年は二八九九人、二〇〇六年は五九九人、二〇〇七年は六三六人となっており、年々犠牲者が増加していることが窺われる。これは「パキスタン人権委員会」が確認した数字であり、実際の犠牲者はこうした数字をはるかに上回ると見られている。

タリバン生みの親——宗教政党

タリバン復活はパキスタンの内政事情とも密接に関係している。

ムシャラフ大統領は、一九九九年にクーデターによって民主勢力から政権を奪った経緯もあり、国内の支持基盤は脆弱であった。そのため政権に抵抗するブットー元首相率いるパキスタン人民党（PPP）やシャリフ元首相率いるムスリム連盟ナワズ派（PML―N）などの世俗政党を排除し、宗教政党に接近したが、そうした宗教政党は精神的、物理的、資金的などさまざまな面でタリバンを支援してきた。タリバンの指導者の多くは、宗教政党の一つであるイスラム聖職者協会（JUI）が運営するマドラサの出身である。そうした宗教政党はまさにタリバンの生みの親と言える。

こうした宗教政党が二〇〇二年の総選挙において躍進し、パキスタン史上初めて州レベルで単独与党となり州政府（北西辺境州）を樹立するまでに勢力を拡大した。

ちょうどタリバンが米軍などの攻撃によりアフガニスタンからパキスタン側に逃れ、態勢を立て直そうとしている時期に、タリバンに親近感を抱く宗教政党がパキスタン中央政府およびアフガニスタンと国境を接している北西辺境州とバロチスタン州で与党として政権に参加することとなった。そのため、タイミングよく、パキスタン側でタリバン化が進み、タリバンの勢力回復に有利な環境が整うこととなった。

しかし二〇〇八年の総選挙では宗教政党が敗北し、北西辺境州でパキスタン人民党（PPP）とアワミ民族党（ANP）が連立政権を組むことになったため、状況は再び一変することになる。

タリバンとパキスタン

一九七七年の軍事クーデターにより政権を掌握したジア・ウル・ハク将軍はイスラーム化政策を進

め、パキスタン国内に多くのマドラサを設立した。パキスタンのアフガン難民の子供たちの多くがそうしたマドラサで学び、後にタリバンに加わっていった。

タリバンと共にマドラサで学んだパキスタンの学生は、タリバンを支援しつつも、タリバンと同様のイスラム原理主義に基づく政権がパキスタンでも成立することを夢見ていた。いや、たんに夢というより、自らの手で実現しようという強い意思を持ち続けていた。彼らは、アフガニスタンに親パキスタンのイスラム原理主義政権を打ち立てる、などとパキスタンにとり都合の良いことだけを考えていたわけではない。パキスタン政府の言いなりになるつもりは全くなかった。タリバンの復活とともに、その影響がパキスタン国内にも拡大しつつあり、パキスタン政府が手を焼いているが、タリバンを支援していたパキスタン政策の「つけ」が今まさに回ってきているのである。

2 全土に広がるテロ事件――ラール・マスジッド籠城事件

二〇〇六年九月の北ワジリスタン和平合意により、部族地域（ＦＡＴＡ）での対テロ掃討作戦は一息つくようになった。そのため、パキスタン全体でのテロもやや下火になっていた。

ところが、二〇〇七年に入ると、首都イスラマバードなど大都市を含めパキスタン各地で頻繁に自爆テロ事件が発生するようになった。そして、後述する二〇〇七年七月のラール・マスジッド事件でさらに治安の悪化が加速されていった。そうなるとパキスタン国民は否応無しに部族地域の情勢に目を向けざるを得なくなった。

パキスタン国民にしてみれば、部族地域の武装勢力はもともとパキスタン国内でのテロ攻撃には関心がないのにパキスタン軍が掃討作戦を行ったためにテロを引き起こすようになり、自分たちパキスタン人の安全が脅かされるようになりつつある、同胞であるパキスタン人への攻撃は理解しがたい、パキスタン軍による軍事行動は米国に言われてやっている、といった受け止め方をするようになった。そのため、パキスタン国内でテロとの闘いへの反発、反米、反政府感情が高まっていった。

ラール・マスジッド籠城事件

「ラール・マスジッド」とは、イスラマバードの中心部に一九六〇年代に建てられたデオバンディ系のモスク（イスラム教礼拝所）である。ウルドゥー語で「赤いモスク」を意味する。このモスクで神学生らが立てこもる事件が発生し、治安当局と約半年にわたり対峙した後、治安当局による強行突入により幕を下ろしたが、首都イスラマバードにまでタリバン化の影響が広がってきた顕著な例として注目を浴びた。

ことの発端は二〇〇七年一月にこのモスクの関連の建物が違法建築として一部取り壊されたことに抗議して、同モスクに附属する神学校（マドラサ）所属の女子神学生が近隣の児童図書館を占拠したことである。女子神学生たちは表面的には、取り壊したモスクの再建を要求したが、その背景には、米国の圧力に応じて、マドラサ改革を進めようとするムシャラフ政権への不満が鬱積していた。

イスラム保守色の強いパキスタンでは、女子を相手には警察も迂闊には手を出すこともできず、そうかと言って十分な数の女性警察官を用意できないため、当局と学生たちの間でにらみ合いが続いた。

女子神学生らは、もし当局が攻撃を開始すれば、自爆して対抗する、と脅した。

立てこもった女子神学生や他の「ラール・マスジッド」系列のマドラサの男子の神学生らは要求をエスカレートさせ、パキスタン全土でシャリーア（イスラム法）を適用することを求めた。

三月になると、神学生らは「自警団」のようなものを組んで、自分たちが反イスラム的で「悪」や「不道徳」とみなすものに対する撲滅運動を開始し、法を無視するような行動を取るようになった。そうした運動の一環として、学生らは「売春宿」とされる建物に押し入り、それを経営する女性や売春婦らを拉致監禁し、この女性経営者に公の場で悔い改めさせた後に釈放する、という事件を引き起こしたりした。

また、CDやビデオ店主にイスラムに反するとして音楽や映画の販売を中止するよう要求した上、従わなければ、重大な結果をもたらす、などと脅迫したりした。場合によっては、店主から没収したCDやビデオテープを焼き捨てたりした。床屋に対しても、ひげをそることをやめるよう要求した。

このように神学生らが、イスラム法の極端な原理主義的解釈に基づく事件を相次いで引き起こしたにもかかわらず、警察は傍観しているだけであり、さらにひどいことには、神学生らは数名の警察官を拉致監禁するようなことまで行った。まさに部族地域でのローカル・タリバンさながらの行為が首都イスラマバードの中心で行われているという事実に、人々はタリバン化の広まりを感じた。

立てこもった神学生らとパキスタン治安当局とのにらみ合いが続き、こう着状態が数ヵ月にわたり続いていたが、六月になり、神学生は中国人のマッサージ店を襲撃し、中国人数名を拉致監禁する事件を起こした。神学生はマッサージ店が売春宿であると主張した。その翌日、神学生は、中国人を全員釈放したが、拉致にかかわった者がお咎めを受けるようなことはなかった。この事件に関し、パキスタンにとり最も親密な友好国である中国政府が懸念を表明するに及んで、ムシャラフ大統領は強硬措置を採ることも辞さない、という姿勢を示すようになった。こうして七月三日、ムシャラフ大統領は制圧作戦の開始を命じた。

パキスタン政府による投降の呼びかけに応じ、一二〇〇名以上の神学生らが降伏した。「ラール・マスジッド」の最高指導者であるモーラーナ・アブドゥル・アジーズは、投降する学生に混ざって、ブルカを着用して女性を装い逃げようとしたところを当局に逮捕された。

しかしながら、モーラーナ・アブドゥル・アジーズの弟であり、兄に次ぐ指導者であるモーラーナ・アブドゥル・ラシド・ガジを中心に一部の学生は、武装して立て籠もり最後まで抵抗を続けたが、七月一二日に制圧された。パキスタン内務大臣の発表によれば、この事件による死亡者は一〇二人（治安部隊の死者一一名を含む）、負傷者は二四八人であった。

ラール・マスジッド事件とタリバン

このラール・マスジッド事件は、タリバンの復活と深い関係がある。

事件の舞台となったラール・マスジッドは一九六六年にイスラマバードの中心的モスクとして建設されたものである。一九七八年から一九八八年まで大統領であった、ジア・ウル・ハク将軍の支援を受け、ハク大統領のイスラーム化政策を支えたモスクとして知られている。ハク大統領は各地にマドラサを設立し、そのマドラサの卒業生をソ連軍と戦うムジャヒディンとして送り込んだことで知られており、ラール・マスジッドのマドラサはハク大統領の政策に従い、ムジャヒディンを輩出した中心的マドラサであった。その後は、タリバンへの支援を行い、学生の多くがタリバンに参加した。

余談になるが、近年、マドラサは子供たちにイスラム原理主義思想を植え付け、イスラム過激派やテロリストを養成する、諸悪の根源であるかのように言われ、欧米諸国はパキスタン政府に対し、マドラサ改革を要求している。しかし、振り返ってみれば、ソ連軍のアフガニスタン侵攻後、米国によるソ連との戦いを支えたのは、まさにマドラサの生徒たちであった。それが今では、皮肉なことに立場が反対になり、マドラサは反米思想、対米闘争の温床となっている。

同じことは、ウサマ・ビン・ラディンについても言える。かつてはビン・ラディンはソ連軍と戦うムジャヒディンたちを支援し、米国の政策を支えたが、今では、「対米ジハード宣言」を出して、米国と戦っている。

なお、マドラサは全寮制である上、無料で食事、衣服なども支給されるので生活には不自由しない。非常に貧しい家庭の子供にとっては、夢のような場所であるし、そうした家庭にとっても、マドラサで子供を預かってもらえれば、経済的に助かる。その一方で、過激思想を植え付けるには格好の場所でもある。

ラール・マスジッドの指導者の一人であり、制圧作戦において射殺されたアブドゥル・ラシッド・ガジは、「ジハード戦士」を示唆する「ガジ」という名前を名乗っていることからも推測されるが、自らムジャヒディンとしてソ連軍と戦った経歴を持ち、その後は熱烈なタリバン、ウサマ・ビン・ラディン支持者として知られていた。

9・11後に、米軍がタリバン攻撃を開始すると、パキスタン国内で宗教関係者を中心に反米、反ムシャラフ大統領の抗議デモが発生したが、その先頭に立っていたのがアブドゥル・ラシッド・ガジである。彼は、米国に対する「聖戦」を叫び、外国人、とくに米国人と英国人はパキスタンから出て行くことを要求し、もし出て行かなければ、敵とみなし、殺害する、とまで口にしていた。

ラール・マスジッドが制圧される前のインタビューにおいても、アブドゥル・ラシッド・ガジは、タリバンがアフガニスタンでイスラムに基づく理想的な国を樹立しようとしたとして賞賛するとともに、「自分たちは国境地域のワジリスタンにいるタリバンから支持を得ており、ラール・マスジッドに対するいかなる行動も、『適当な対応』を惹起するであろう」などと発言していた。

ラール・マスジッド事件後、ウサマ・ビン・ラディンが声明を出した際に、アブドゥル・ラシッド・ガジを「偉大なイスラム指導者」と賞賛していることにも、同人とイスラム過激派と深い関係を示している。

制圧以前に、ラール・マスジッドの神学生らが周辺のＤＶＤ店等に対し、タリバンの上級司令官ムラー・ダードゥラーの署名入り脅迫状を送付し、ＤＶＤの販売中止を求めるなどの行動をとっていたという事実もタリバンとラール・マスジッドとの深い関係を示している。

また、ラール・マスジッドの神学生の多くは、ワジリスタンなどの部族地域（ＦＡＴＡ）や北西辺境州といった国境地域出身であり、ローカル・タリバンの子女も含まれていたと見られている。タリバンにとり、多くの神学生がまさに身内の者たちであった。そのため、ラール・マスジッド武力鎮圧後、部族地域や北西辺境州で報復と見られる治安部隊を狙った自爆テロが相次いで発生した。

3　パキスタンの政策転換

部族地域での戦闘再開

ラール・マスジッド事件後、部族地域（ＦＡＴＡ）では武装勢力と軍との戦闘が再開するようになり、パキスタン政府はそれまでの政策を転換し、武装勢力の軍事制圧に乗り出した。このため部族地域の部族勢力とパキスタン政府との間で結ばれていた停戦合意は事実上破棄された。

二〇〇七年七月一二日にムシャラフ大統領がラール・マスジッドの制圧を宣言すると、その三日後の七月一五日にローカル・タリバンは、停戦合意の一つ、北ワジリスタン和平合意破棄を宣言した。破棄の理由は、パキスタン軍が合意に反し、数回にわたり、タリバンへの攻撃を行ったこと、パキスタン政府は合意に従い被害を受けた家族への補償の支払いをすることを怠ったことなどを挙げている。パキスタン軍は北ワジリスタン合意成立後、検問所から撤退していたが、ラール・マスジッド後の治安情勢の悪化を受け、再び、検問所に復帰していた。この点についても、タリバンは不満を表明した。

ローカル・タリバンから攻撃されたことを受け、八月七日、パキスタン軍は、北ワジリスタン合意後初の本格的な軍事作戦を北ワジリスタンにおいて実施した。また、パキスタン軍は八月一七日に南ワジリスタンにおいても軍事作戦を実施し、翌一八日には、ローカル・タリバンが、南ワジリスタン和平合意の破棄を宣言した。

ワジリスタンでの和平合意の破棄は、部族地域情勢に大きな影響を与えたが、既述のとおり、和平合意のアフガニスタンへの越境攻撃の禁止の部分については、事実上、遵守されておらず、皮肉なことであるが、少なくとも米国等アフガニスタンに駐留する連合軍にとっては、深刻な懸念を抱く必要はなかった。

このような経緯で再開された激しい戦闘の結果、パキスタン軍の犠牲者は増加の一途をたどっている。パキスタン軍の攻撃に対し、武装勢力も自爆テロで応酬するなど、戦況は泥沼化していく感があった。

パキスタン軍は二〇〇二年六月から部族地域でのテロ掃討作戦を展開し、二〇〇四年一〇月までに一七一人、二〇〇六年一〇月までに累計で三七七人、二〇〇七年三月までに四三二人の兵士の死者を出していたが、ラール・マスジッド事件以降の三ヵ月間だけですでに二五〇人以上の犠牲者を出しており、死者数が急増していることがわかる。

パキスタン軍の士気低下

部族地域（ＦＡＴＡ）における戦闘では、ローカル・タリバンには地の利があるため、国軍側がまともに地上戦を挑むと、大きな損害が出る上、タリバンを倒すことができない。かといって、空爆に頼ろうとすれば、一般住民を巻き込むことになり、住民の軍への反発、その裏返しとして、タリバンへの同情が広がることになる。

ローカル・タリバン側はイスラム過激思想に加え、自らと異なった民族（パンジャブ人など）が中心のパキスタン軍に対する反感から士気も高い一方、パキスタン軍内では、「イスラム教徒が同じイスラム教徒、しかも多くは同じパキスタン国民を攻撃しなければならない」との状況の下、士気が著しく低下していた。軍の命令に従わず、部族民らへの攻撃を拒否することは、軍の規律違反になるが、イスラム教徒を殺すというイスラム教徒としての罪を犯すよりまだましだ、という考えを持つ兵士たちが出るようになっている。兵士の間には、自分たちの行っている戦いは米国の圧力のため強要されているのだ、という認識も広がっている。このため、国軍内ではローカル・タリバンへの同情も広がっていった。

軍の内部では早期に除隊する者が相次いでいる。表向きの理由は、適当に言い繕っているが、本音はイスラム教徒との戦いに耐えられないからであるという。

二〇〇七年八月末に部族地域の南ワジリスタン管区において約二五〇人の兵士が戦わずして「投降」するという事件が発生したが、これはパキスタン軍内部の士気の低下をよく示している。

テロ事件の急増

ラール・マスジッド事件直後から、国境地域を中心に、パキスタンの各地でテロ事件が急増するようになった。しかも、軍などの治安関係機関が狙われるようになった。

報道を見てみると、七月一二日のムシャラフ大統領によるラール・マスジッドの制圧宣言の二日後の一四日には、北ワジリスタン管区で治安部隊の車列に対する自爆攻撃が発生し、少なくとも二四名が死亡した。一五日には、北西辺境州のデラ・イスマイル・ハーンにある警察官募集センターで自爆テロが発生し、少なくとも二八名（うち、一二名は警察官）が死亡した。同日（一五日）、北西辺境州のスワート地区において、軍の車列が自爆テロ攻撃などに遭い、二一名（うち、兵士は一六名）が死亡した。一七日には、部族地域の北ワジリスタンで治安検問所を狙った自爆テロが発生し、実行犯に加え兵士三人と民間人一人が死亡した。一八日には、同じく北ワジリスタンで治安部隊車列が攻撃され、兵士一七名が死亡。一九日には北西辺境州で治安関係施設に対する複数の自爆テロが発生している。

このようにラール・マスジッド事件直後は、ほぼ毎日のようにテロ事件が発生した。

こうした軍関係施設へのテロ攻撃が成功していることは、軍の内部に、テロリストへの協力者がいることを示唆している。これはパキスタン軍の規律の問題であると共に、テロとの闘いにおいてパキスタン軍及び軍人のすべてが一枚岩ではなく、疑問を抱く者たちの存在を意味しており、状況の深刻さを示している。

パキスタンのシンクタンク「パキスタン平和研究所」が報道、公式発表その他情報を取りまとめた結果によれば、テロ攻撃、政治的暴動、国境での衝突等による死者は二〇〇七年には三四四八名に達し、これは二〇〇六年（九〇七名）の約三・八倍、二〇〇五年（二一六名）の約一六倍であり、ここ数年で急増していることがわかる。

米国のマコネル国家情報長官は二〇〇八年二月の上院での議会証言で、二〇〇七年のパキスタン国内での自爆テロなどのテロ攻撃や武力衝突による死傷者は、二〇〇一年から二〇〇六年までの合計を超えていると証言しており、二〇〇七年に治安状況が急速に悪化したことを強調した。

二〇〇七年は、相変わらずアフガニスタンとの国境情勢が不安定であっただけではなく、一〇月の約八年ぶりのブットー元首相の帰国とそれに伴う約一四〇名の死者を出した連続自爆テロ、一一月のムシャラフ大統領の二期目の大統領就任、一二月のブットー元首相暗殺など国内政治上も転機となった年であった。パキスタンの治安の急速な悪化は、タリバンの復活、パキスタンのタリバン化現象の原因でもあり、結果でもある。

二〇〇七年一二月、ゲイツ米国防長官は記者会見で、パキスタンからアフガニスタン東部に越境してくる過激派の兵士数が約四割減少した、アル・カーイダはアフガニスタンよりむしろパキスタン国内に目を向け、パキスタン政府と国民を攻撃していると述べ、武装勢力の関心が、これまでとは異なり、アフガニスタンよりむしろパキスタンに向いているという見方を明らかにした。アフガニスタンの状況が必ずしも好転しているとは言い難い状況でのパキスタン情勢の悪化、不安定化は懸念されるところであった。

二〇〇七年一二月二七日、パキスタンのブットー元首相が暗殺された。その夜、ムシャラフ大統領はテレビを通じて国民に向けて演説した。その中で、ムシャラフ大統領は、「私はテロリストがパキスタン及びパキスタン国民にとり最大の脅威であるといつも言ってきた。テロの撲滅は、パキスタンの生き残りの鍵であり、国家が前へ進むための唯一の方法である。テロは国家の発展を妨げる最大の障害である」と述べた。このようにムシャラフ大統領は、テロがパキスタンという国家にとり、「最大の脅威」と位置づけ、「テロの脅威」を強調しているが、それほどまでにテロがパキスタンにとり深刻になっていた。

バイトゥッラー・メスード

ブットー元首相の暗殺の翌日、パキスタン政府はこの暗殺事件は部族地域（ＦＡＴＡ）の南ワジリスタンの武装勢力の指導者であるバイトゥッラー・メスードによるものであると発表した。その根拠として、メスードが暗殺にかかわった部下に対し暗殺の成功を祝福する電話の会話の傍受を挙げた。これに対し、メスード自身は関与を否定し、暗殺はムシャラフ大統領によるものであると主張した。米中央情報局（ＣＩＡ）も暗殺を指示したのはメスードであると結論づけ、それをヘイデン長官自身がマスコミとのインタビューで明らかにした。

多くのパキスタン国民は政府の発表にもかかわらず、ムシャラフ大統領が政敵であるブットー元首相を暗殺したと信じている。例えば、米国のＩＲＩ(International Republican Institute)という団体が行った世論調査によれば、国民の六二％がブットー元首相暗殺はパキスタン政府に責任があると答え、アル・カーイダの仕業であると回答した者は一三％に過ぎない。これはパキスタン国民一般の間でムシャラフ政権への信頼が失われていることを示している。

米国はパキスタン情勢がさらに不安定化することを恐れたため、わざわざ暗殺の黒幕がメスードであるという発表をして政府を擁護したと受け止められている。

メスード勢力はタリバンと共闘関係にあり、彼自身、タリバンの最高指導者オマル師にも近いといわれている。典型的な、「ローカル・タリバン」である。また、タリバンの中にはアル・カーイダと近い者もいればアル・カーイダのグローバル・ジハードの考え方と相違し、距離を置く者もいるが、メスードはアル・カーイダにも近く、連携していると見られている。メスードは自らの出身地の南ワジリスタンにテロリスト訓練キャンプを設け、自爆テロリストを送り出している。ラール・マスジッド事件以降のテロ攻撃、特に自爆テロ攻撃のいくつかはメスードの指示によるものと見られていた。メスードはブット元首相暗殺事件で一躍世界に名が知られるようになったが、それ以前にも派手な行動で治安当局の関心を集めていた。

二〇〇五年二月、メスードは政府側と南ワジリスタン合意を締結し、南ワジリスタンの武装勢力の指導者として名が知られるようになった。その際、パキスタン政府から多額の金（報道では、二〇〇〇万パキスタン・ルピー、あるいは五四万米ドルと言われている）をパキスタン政府から受け取ったとされている。

二〇〇七年八月三〇日、メスードと戦うはずのパキスタン軍兵士ら約二五〇人が南ワジリスタンで逆にメスードの戦闘員に捕らえられてしまった。兵士たちは戦わずして投降してしまったのである。

この兵士の釈放と引き換えに、メスードはパキスタン政府に拘束されている三〇人の仲間の釈放とメスード部族地域でのパキスタン軍による軍事作戦の中止を要求した。政府が即答を避けると、メスードは三人の人質を斬首した。

結局、ムシャラフ大統領は折れ、メスードの要求に応じ、約二ヵ月後、すなわち、非常事態宣言の翌日の一一月四日、政府が拘束していた二五人の武装勢力のメンバーを釈放することにより、捕われていた兵士たちの解放を実現することができた。

二〇〇七年末、パキスタン政府と武装勢力との戦闘が部族地域や北西辺境州で激しさを増す中、もともとバラバラであった武装勢力が連携する動きを見せた。二〇〇七年一二月一四日、南ワジリスタンで会合が開かれ、親タリバン武装勢力の連合体である「テフリケ・タリバン・パキスタン」（TTP、「パキスタン・タリバン運動」）の結成が合意された。これはパキスタン軍による激しい攻撃により、危機感を抱いた武装勢力が、軍に対抗するために結束しようという狙いであった。TTPの最高司令官にはメスードが就任した。

パキスタンでの自爆テロ事件

パキスタンでは9・11事件以前には自爆テロはほとんど例がなかった。

パキスタンがテロとの闘いに参加して数ヵ月経った、二〇〇二年三月、首都イスラマバードの警備がとりわけ厳重な外交団地区にあるキリスト教会で手榴弾を投げつけた犯人が自爆する事件が発生した。この事件では、自爆犯の他、四人が死亡、その犠牲者には、米国大使館の女性職員及びその娘が含まれていた。

これがパキスタン人による初の自爆テロ事件と見られる。ムシャラフ大統領はこの事件の約二ヵ月前の二〇〇二年一月にイスラム原理主義団体の取締りの強化を発表し、五つの団体を非合法化するなど、イスラム原理主義団体との対決姿勢を鮮明にしたところであった。パキスタン人による初の自爆テロ事件は、そうしたムシャラフ大統領の政策への反発が背景にあったと見られている。

その後、パキスタンで散発的に自爆テロ事件が見られるようになったが、急増するようになったのは二〇〇七年のことである。

二〇〇八年四月に発表された米国務省の「国別テロ年次報告書二〇〇七年版」によれば、二〇〇二年から二〇〇六年までの五年間で二二の自爆テロ攻撃があったのに比べ、二〇〇七年には四五件以上になり、過去五年間の累計の倍以上の件数になったとしている。

また、前述の「パキスタン平和研究所」の報告書によれば、二〇〇七年の自爆テロ事件の件数は、六〇件となっており、ターゲットになったのはほとんどが軍や警察などの治安関係者である。とりわけ、ラール・マスジッド籠城事件があった七月は一五件と集中しており、この事件が深刻な影響をパキスタン国内に及ぼしたことがうかがわれる。

「パキスタン平和研究所」によれば、二〇〇七年の自爆テロ事件の半数を超える三三件は北西辺境州で発生している。自爆テロ犯のほとんどは部族地域（ＦＡＴＡ）出身者と見られている。自爆テロ犯の中には貧しさ故に、金銭的報償と引き換えに自爆テロリストに志願した者も多くいると考えられている。

女性自爆テロ事件

二〇〇七年一二月四日、ペシャワールにあるパキスタン軍の駐屯地に一人の女性が近づいてきた。女性は三〇代位で、水色のブルカを身につけていた。衛兵が女性に停止を命じると、彼女はイスラム社会では考えられない行動をとった。ベールを上げ、顔を見せたのである。彼女が微笑んだその瞬間、爆音が轟き、彼女の体は粉々になった。自爆テロと見られている。幸いにも、本人以外の死傷者は無かった。

パキスタンで女性自爆テロが現れたのは、二〇〇一年にテロとの戦いが始まって以来、初めてのことである。いよいよパキスタンで女性の自爆テロ犯まで現れるようになったということで、この事件はパキスタンの治安の悪化を印象づけた。*

* この事件は自爆テロではない、という見方もある。それによれば、女性は荷物を軍駐屯地に持っていくように言われただけであり、自爆までは考えていなかった、爆弾の「引き金」は本人が引いたのではなく、何者かの遠隔操作によるものである、という。女性が即死したので、いずれにせよ真相ははっきりしない。

女性の自爆テロ事件は珍しいことではあるが、決して例がないということではない。スリランカの反政府武装組織タミル・イーラム解放の虎*（LTTE）やロシアのチェチェン独立派などは女性自爆テロを多用したことで知られている。イラクでは、二〇〇七年に八件、二〇〇八年はAP通信の報道によれば六月七日現在で一七件の女性自爆テロ事件が起きており、その行為自体は徐々に珍しくなくなってきている。

* 一九九一年にインドのラジブ・ガンジー首相（当時）を暗殺したのは、「タミル・イーラム解放の虎」（LTTE）の女性自爆テロリストである。

女性自爆テロでは、夫（あるいは、息子、兄弟）が殺されたため、精神状態が不安定になり、自ら自爆テロを行うことにより、天国にいる夫（あるいは、息子、兄弟）の所に行きたい、あるいは、それと同時に、夫らを殺した敵に復讐したい、というような動機から自爆テロを敢行する例が多く見られるようである。テロ組織もそれを承知の上、殺された仲間の未亡人に近づき、自爆テロリストになるようリクルートしている。

このように、身内を殺されたために自爆テロリストとなる女性がいる一方で、そうした事情もなく、自ら過激な思想に染まり、進んで自爆テロリストになる女性も現れるようになっている。

二〇〇五年一一月にイラクでベルギー人女性ムリエル・デゴークが引き起こした自爆テロ事件は、そうした女性自爆テロリストの例であり、世界の多くの人を驚愕させた。

ムリエル・デゴークは三八歳、白人、金髪で、外見は、ごく普通のヨーロッパ人女性である。三〇代でイスラム教に改宗し、モロッコ系ベルギー人の夫とともに、自爆テロを目的にイラクを訪れた。米軍を狙い自爆したが、本人が死亡したのみで、米軍兵士一名が負傷したにとどまった。彼女は初めての欧州女性自爆テロリストである。ジハーディストの思想が欧州に広がり、欧州国内でテロ事件、あるいは未遂に終わったテロ計画事件が時折見られるようになっているが、わざわざイラクにまで赴いて米軍を狙い、テロを敢行しようとした欧州人女性が現れたことは世界に大きな衝撃を与えた。

デゴークのケースでは、彼女の夫は妻が自爆テロを試みたのと同じ日に、自らも自爆テロを試みようとしたが、それを察した米軍兵士に射殺されている。このように夫婦そろって自爆テロを試みた例はそれほど多くはない。

一般に、自爆テロリストのほとんどが男であるため、男性より女性の方が、セキュリティ・チェックが甘くなることがある。パキスタンでも女性自爆テロ事件の数週間前にブルカを着た者による自爆テロ事件が北西辺境州で起きているが、後に、犯人は男性であり、女性を装っていたということが判明している。この犯人は女性を装ったほうが、自爆テロが成功するだろうと考えたようである。女性だからといって油断することはできない。

ある時、筆者は欧州某国の情報機関に所属する女性から、次のようなアドバイスをもらったことがある。

「もし、あなたが男女を含むテロリスト集団と向き合うことになったら、どうする？　一番、悪そうな男を最初に撃つでしょう。それではダメ。まず、女を撃たなければ。女を甘く見ると、あなたの命がないわよ。『まず女を撃て』というのがインテリジェンスの世界の鉄則よ。」

筆者は、本当にこれがインテリジェンスの世界で鉄則になっているのか、何人かの西側インテリジェンス関係者に尋ねたことがある。男のインテリジェンス関係者からは、「聞いたことがない」という回答が返ってきたことがある。しかし、アドバイスをくれた女性とは別の国に属する女性の情報機関メンバーは、「当然よ」と答え、さらに次のように解説してくれた。

「一般的に、女性は『優しさ』があり、男性は『たくましさ』があるでしょ。男性は、時には『凶暴』になり得る。女性が真のテロリストになるには、本来女性が備えている『優しさ』を捨てなければならないのよ。『優しさ』を失った女性は、本当に『凶暴、残忍』になるわ。人を殺すことも躊躇しない。また、男以上に『テロリスト』であることを示したい、あるいは示さなければならない、と感じるので、実際以上に、女性テロリストは凶暴であろうとするのよ。」

筆者は、警察官をしていたことがあるので、拳銃を扱ったことはある。幸か不幸か現場で犯人に向け拳銃を発砲したことがない。警察官であったときに、「まず女を撃て」などという指示を受けたことはなかった。しかし、インテリジェンスの世界で生きてきた女性たちのアドバイスは、確かに説得力があった。

パキスタン自身の戦い

ラール・マスジッド事件後に部族地域で本格的な戦闘が再開され、テロがパキスタン全土に広がり、しかも、軍などの治安機関も狙われるようになると、パキスタンはようやくテロが脅威であり、パキスタンとしても真剣に取り組まなければならない問題であると認識するようになった。ブットー元首相暗殺後のムシャラフ大統領の「テロがパキスタンにとっての最大の脅威」という発言は、たんに政治的な考慮から危機を煽ろうとした発言と切り捨てることはできない。ある程度、ムシャラフ大統領や軍の本音が含まれていると思われる。

それ以前のパキスタンの「テロとの闘い」は、「米国へのおつきあい」、あるいはもう少し格好をつけて、「テロと闘う国際社会への貢献」という要素が強かった。米国からの圧力のため、仕方なく、本来は味方、身内であるはずの武装勢力と戦闘をせざるを得なかったという事情があった。パキスタン政府が国境地域の武装勢力を放置しておいても、武装勢力はアフガニスタンに越境してテロ攻撃をするだけであり、パキスタン国内で攻撃をすることは想定していなかった。

しかし、ラール・マスジッド事件以後は、パキスタンは「テロとの闘い」を自分の問題として、とらえるようになってきた。武装勢力を放置しておけば、アフガニスタンといったパキスタン以外の国の安全が脅かされるだけではなく、パキスタン自身の安全、存立も危うくなってしまうという危険を認識するようになった。実際に、上述のゲイツ米国防長官の発言に見られるように、武装勢力はその関心をアフガニスタン攻撃からパキスタン攻撃へと移動させているような兆候がいくつも見られるようになってきた。

宗教政党の惨敗

部族地域（ＦＡＴＡ）の武装勢力が、とりわけラール・マスジッド事件後にパキスタン国内でのテロ活動を活発化させ、部族地域だけではなく、北西辺境州、そしてその他の州にまで、テロ事件を頻発させるようになったことは、パキスタン国民一般の反発を買うこととなった。米国のＩＲＩが二〇〇八年一月下旬に行った世論調査によれば、パキスタン国民の七三％が過激主義がパキスタンの深刻な問題であることに同意している。パキスタンで活動するタリバン及びアル・カーイダも深刻な問題であると回答した者は六五％である。

このようにパキスタン国民はイスラム原理主義やタリバン、アル・カーイダなどの武装勢力が深刻な問題であると認識する一方で、軍による掃討作戦についてはあまり支持をしていない。三三％だけが支持すると回答している。さらに、パキスタンが米国の「テロとの闘い」に協力すべきであると考えるものは九％に過ぎない。

二〇〇八年二月のパキスタン総選挙では国民一般の反ムシャラフ感情を反映し、与党ムスリム連盟カーイデアーザム派（ＰＭＬ－Ｑ）が大幅に議席を減らし、その一方で野党のパキスタン人民党（ＰＰＰ）及びムスリム連盟ナワズ派（ＰＭＬ－Ｎ）が勝利した。パキスタンの憲法によれば、上下両院議員総会の三分の二以上の多数により、大統領の弾劾は可能である。ムシャラフ大統領は二〇〇七年一一月に陸軍参謀長を辞任したことにより、最大の後ろ盾である軍を手放し、その権力にかげりが見え始めていたが、総選挙での敗北の結果、ムシャラフ大統領の辞任の可能性がより現実味を帯びるようになってきた。

このような政局の劇的な変化の陰で、もう一つの重要な変化が見られた。二〇〇二年の総選挙では、当時、アフガニスタンで米軍などによるテロ掃討作戦が行われており、それに対する反米感情を煽り、民衆の支持を集めた宗教政党が大躍進した。しかし、二〇〇八年の総選挙では、宗教政党連合（MMA）が主要地盤である北西辺境州での大敗を含め、全国レベルで惨敗を喫したのである。これは、MMAの中心政党のひとつであるJIが選挙をボイコットしたという要素はあるものの、世論調査に見られるようにイスラム過激派の勢力拡大や治安の悪化に嫌気が差したパキスタン国民が、イスラム過激主義や暴力を容認し、タリバンを支援する宗教政党に失望し、そうした政党を拒否したことが原因の一つと見られている。

新政権発足後の新たなテロとの闘い

二〇〇八年三月、ギラーニ・パキスタン人民党（PPP）副総裁が首班指名を受け、ギラーニ氏を首相とする新内閣が発足した。憲法の規定に基づいて下院においてギラーニ首相に対する信任投票が行われたところ、全会一致で信任が決議されたが、首相に対する信任投票において全会一致で信任が決議されたのはパキスタン史上初めてのことである。

ギラーニ首相は信任投票後、政策演説を行ったが、その中で、「テロとの闘いは我々自身の闘いである。すべての人々に暴力を放棄することを求める。武器を放棄し、平和を選ぶすべての人々と対話をする用意がある」と述べた。ギラーニ首相だけではなく、新政権の連立与党を構成するパキスタン人民党（PPP）、ムスリム連盟ナワズ派（PML—N）のいずれの幹部も国境地域の武装勢力との対話重視の姿勢を明らかにしている。

テロ事件がパキスタン全土に広がるようになり、軍を含むパキスタン政府もパキスタン国民もテロへの取り組みの必要性を理解するようになったが、では具体的にどのように「テロとの闘い」を進めるべきであるかについては、新政権の立場は米国とは異なるものであった。

米国はパキスタンによる軍事行動を期待しており、パキスタン軍はある程度、その必要性を理解しているようであったが、他方で、パキスタン国民の多くについては、部族地域（FATA）での軍事作戦がかえってテロ攻撃を急増させたと考えており、軍によるテロ掃討作戦を支持せず、むしろ対話を重視した。

パキスタン国民は、全国に拡大するテロ事件は軍による掃討作戦に対する武装勢力の報復であるため、軍事作戦は逆効果である、と感じていた。すなわち、軍事作戦はテロの「解決策」というより、「原因」であり、やめるべきである、特に米国が主導する「テロとの闘い」への参加がテロの原因となっており、米国のために、あるいは、米国と連携して戦闘を行うべきではない、と考えている。

そうした国民の声を反映して、パキスタン新政府はかつてムシャラフ大統領の指導の下、行っていたような武装勢力への武力攻撃を強力に推し進めるよりむしろ、武装勢力との「対話」に重点を置くことを明らかにした。

ちょうど時期を同じくして、部族地域の武装勢力（TTP）は二〇〇八年二月の総選挙の前から一方的な停戦を宣言しており、*部族地域はもちろんのことパキスタン全土でテロ攻撃が激減していた。武装勢力、政府側の双方から、和平合意の可能性についての発言が見られていた。

＊　二〇〇八年二月六日、ＴＴＰ報道官は一方的停戦を宣言し、政府との和平交渉への意欲を示した。これを受けて、ハミド・ナワズ暫定内務相は、武装勢力との対話を図るためにジルガ（部族有力者の集まり）を設立する旨述べた。

武装勢力による停戦宣言が報じられた際、米国務省のケーシー副報道官は「かつての和平合意のような合意を新たに締結したというような情報は得ていないが、ムシャラフ大統領自身認めているように、かつての地元部族指導者との合意は、意図した結果をもたらさなかった」（二〇〇八年二月六日、記者会見）と述べ、それまでと同様の和平合意についての警戒感を示した。

パキスタン政府が武装勢力と合意を結ぶと、パキスタン国内でのテロは減り、パキスタンにとっては良いことであるが、武装勢力は米軍が駐留しているアフガニスタンへの越境攻撃はもちろんのこと、米国本土へのテロ攻撃も行う可能性が懸念された。米軍関係者は二〇〇八年一月から五月までの間、アフガニスタン東部における連合軍に対する攻撃が〇七年に比べ約四割増加したと述べ、パキスタンからの越境攻撃が急増していることを示唆した。米国のマレン統合参謀本部議長は二〇〇八年二月五日に、上院軍事委員会に提出した書面による証言で「近々、最も有り得る米国への攻撃は、部族地域の安全な避難所（safe haven）に潜むアル・カーイダからの攻撃となろう」と述べ、部族地域の武装勢力への対処の必要性を明らかにしている。

しかしながら、停戦宣言後に実施された総選挙を経て成立したパキスタン新政権は、この停戦状態を継続させることが望ましいと考えた。軍についても、武装勢力を相手に大規模な戦闘を再開させるには、伝統的な戦闘ではなく、そうした対武装勢力作戦を念頭に置いた、装備、訓練などを行う必要があったため、しばらくの時間が必要であった。こうした事情から、パキスタンの総選挙の結果を受けた政権交代は、米国が主導するテロとの闘いでのパキスタンの協力が弱まることが予想された。

「テロとの闘い」における部族社会の活用

米国が警戒感を示す中、ギラーニ首相率いるパキスタン新政府は武装勢力との対話を試みており、本稿執筆時点（二〇〇八年六月）では、新たな和平合意が成立するのか、成立するとしてどのような内容のものになるのか、不透明である。武装勢力に対するパキスタンの立場は、あくまでテロリストや武装勢力を容赦しない姿勢を示す米国と対照的である。

米国自身、アフガニスタンで苦戦していることからわかるとおり、近代国家の軍隊でタリバンなどの武装勢力を相手に戦い、勝利することは容易ではない。戦闘が「非対称」になるため、戦況は近代的な戦力の比較では決まらない。アフガニスタン南部であれ、部族地域（ＦＡＴＡ）であれ、部族から成り立つ地域を支配するには、部族の果たす役割が鍵になると思われる。部族を無視して、軍隊が乗り込み、戦闘を行えば、その地域全体を敵に回し、泥沼に陥りかねない。力でねじ伏せることは不可能ではないかもしれないが、多大な困難、犠牲を伴うであろう。

それよりむしろ、各部族間の敵対関係や友好関係なども考慮の上、各部族にさまざまなインセンティブを与え、部族と話をつけ、味方にし、伝統的な部族の権威、影響力を利用して、その地域の安定を図ろうとするアプローチの方がうまくいく可能性があるように思われる。その際、アル・カーイダとの深い関連を有する勢力など、何らかの取り引きをすることが難しい、あるいは、適切ではないものもあることには留意する必要がある。

また、イスラム原理主義武装勢力がどれほど部族社会を破壊しているか、逆に言えば、部族の力、部族長の権威や威厳がどれほど残っているかにより、部族を活用する効果は変わることになる。

おわりに

二〇〇八年八月一八日、パキスタンのムシャラフ大統領が辞任した。

パキスタンでは二〇〇七年には武装勢力に対する強硬策が裏目に出て、ブットー元首相の暗殺事件を含め、テロ事件が頻発し、かつてないほど治安の悪化を見た。二〇〇八年二月の総選挙では、ムシャラフ大統領が進めるテロとの闘いへの反対に加え、最高裁長官の解任などの大統領の強権的手法に対する反発、さらには経済の悪化などの要因が重なり、与党が大敗を喫していた。ムシャラフ大統領の辞任は既定路線とも受け止められた。

二〇〇一年の9・11米国同時多発テロ事件を受けて、米国の「テロとの闘い」の同盟国となる重大な決断をしたムシャラフ大統領が、その後七年近く経て、パキスタン国民の支持を失い、辞任を余儀なくされたという事実は、「テロとの闘い」の転機を感じさせる出来事であった。

アフガニスタンではタリバンが活動を活発化させ、情勢は悪化の一途をたどっているが、その最重要とも言える要因はパキスタンの連邦直轄部族地域（ＦＡＴＡ）が武装勢力の聖域となっていることである。部族地域への対策がなければアフガニスタンの安定も難しい。しかし、パキスタンのギラーニ政権は、効果的な措置をとっていないばかりか、武装勢力との対話を推進する方針を示し、結果としてパキスタンからアフガニスタンへの越境攻撃が大幅に増加している。

アル・カーイダを核とするジハーディストたちもイラクからアフガニスタンに活動の重点を移す兆候を見せている。そのため、世界各地のジハーディストたちの流れもイラクではなく部族地域をめざしつつある。二〇〇八年五月以降、アフガニスタンでの連合軍兵士の死者数はイラクを上回るようになったが、これはそうしたテロリストたちの動きを裏付けるかのようである。

二〇〇八年一一月には米国で大統領選挙が予定されており、翌年には米国の「テロとの闘い」を主導したブッシュ大統領も交代する。共和党のマケイン候補、民主党のオバマ候補のいずれもアフガニスタンへの増派を主張しており、いずれの候補が大統領になっても、これまで以上にアフガニスタン問題が米政権の重要な課題になると予想されている。イラク戦争が泥沼化していた当時、米国の関心はイラク情勢一色であったが、アフガニスタン情勢がイラクより悪化する傾向を見せる中、米国ではアフガニスタンが再び脚光を浴びるようになっている。

二〇〇一年にテロとの闘いが始まり、その年末にはタリバン政権が崩壊したが、その間、戦闘による米兵の死者は生じなかった。今では、タリバンが復活し、米兵の死者数が着実に増加している。二〇〇八年七月には累計で五〇〇名を超えた。連合軍とタリバンの戦闘により、かえって治安は悪化している。軍事行動だけではなかなかタリバンなどの反政府勢力を押さえつけることができないことが徐々に認識されるようになっている。タリバンの復活はパシュトゥン人勢力の復活という側面があるが、アフガニスタンの安定のためには、民族、部族、その他さまざまなグループの和解を進める必要がある。タリバンの切り崩しの可能性やタリバン内でアル・カーイダとは考えを異にするグループとの和解といった可能性がないのか、検討する価値はあろう。

アフガニスタンでは二〇〇九年に大統領選挙が予定されている。カルザイ大統領の求心力も失われつつあり、カルザイ大統領が再選されるか、新たな大統領が誕生するか、予断を許さない。誰が大統領となるにせよ、失われたアフガン国民の信頼を早急に回復しなければならない。内戦で長年にわたり、事実上、無政府状態が続いていた上、部族社会の伝統が根強いアフガニスタンにまともな政府を築き上げることは容易ではないが、しっかりとした政府がなければアフガニスタンの安定は期待できない。また、タリバンなどの反政府勢力との折り合いをつけるとすれば、まずアフガン人のイニシアティブが重要であり、政府が立場を明確にしなければならない。

このように、現時点ではアフガニスタン情勢について明るい材料はほとんど見当たらないが、国際社会はアフガニスタンを放置することもできない。日本の貢献も求められている。軍事面での日本の支援には制約があるが、かといって開発支援を行うにしても、そもそも援助関係者の安全の確保が難しい状況の下での開発支援は容易ではない。二〇〇八年八月に日本のNGO「ペシャワール会」の日本人関係者がアフガニスタン東部で拉致の上、殺害された事件はアフガニスタンの厳しい状況を改めて感じさせた。アフガニスタンの複雑な事情に鑑みれば、どのような貢献や支援がアフガニスタン安定にどのような効果をもたらすか、そうした支援をどのように実施するのか、慎重な検討が求められている。

あとがき

筆者は二〇〇六年八月から二〇〇八年八月までに外務省の国際情報官という職に在任していたが、本書はその間にアフガニスタンについて筆者が感じたことをまとめたものである。報道など公開情報を基本にして、筆者なりの分析を加えたものであり、分析や意見にわたる部分は筆者の全く個人的な考えである。外務省や日本政府の立場や見方ではないことをお断りしておく。

仕事上、アフガニスタンについて議論すると、どうも議論が噛み合わないことがしばしばあった。アフガニスタン情勢は他国の情勢に比べても、非常に複雑であるため、まともな議論が期待できないにしても、最低限の基本的な事柄も理解していないのではないかと感じることがあった。それは特に「タリバン」について痛切に感じられた。「タリバン」に「イスラム原理主義組織」などという「枕詞」を伴うからなのかわからないが、「タリバンはテロ組織ですね」などという反応が返ってきたりする。

米国に対し「ジハード宣言」、つまり、「宣戦布告」をして数々の大規模テロを敢行したアル・カーイダと、イスラム教に基づくアフガニスタンの世直し運動として集まったタリバンを同じようなテロ組織として扱うには無理があることは、本書をご覧頂ければ、お分かりいただけると思う。タリバンについてまとめようと思ったきっかけの一つは、タリバンについての理解の欠如とともに、タリバンを知るのに有用な文献も見当たらない、ということによる。

日本の外務省は世界でも珍しく、入省の際に省員にある特定の言語を割り当て、専門家として育成する。例えば、パキスタンの言語であるウルドゥー語を割り当てられれば、まず、パキスタンに留学し、そしてパキスタンの大使館に勤務し、外務本省でパキスタンを担当する、といった具合である。こうした制度をとっているため、世界中の重要な国について必ず外務省には専門家が存在する。しかし、アフガニスタンについては、これほど重要でありながらそうした専門家が存在しない。理由は単純であり、内戦のため留学もできなければ、大使館も存在しなかったからである。アフガニスタンについての専門家の不在という事実からも、アフガニスタンについてまとめる必要を感じた。

本書ではパキスタン情勢についても触れた。アフガニスタン情勢を理解するにはパキスタン情勢、特に部族地域情勢を含め、地域全体として見る必要がある。また、アフガニスタン、パキスタンの両国にまたがるパシュトゥン人の民族の要素も重要な視点であり、一章を割いて説明した。

本書はタリバンに焦点を当ててアフガニスタンを見たものであるが、筆者は二〇〇四年に『アフガニスタン祖国平和の夢』（朱鳥社）という本を出版し、アフガニスタンの和平達成の経緯、和平達成後のアフガン新政権による国家再建の努力を概説した。アフガニスタンを理解するには、前著もあわせてご覧いただければ幸いである。

本書の執筆にあたり、谷垣博保第二国際情報官室課長補佐からアル・カーイダやテロの問題等について、いくつかの有益なコメントを頂いた。高橋博史第二情報官室情報分析官からは、原稿へのコメントだけではなく、これまで長年にわたりアフガニスタン問題全般についてご指導頂いている。尊敬する両名に厚く御礼申し上げる。

最後に、本書の刊行の意義を認めて頂いた花伝社の平田勝代表、拙い原稿を本書の形に仕上げるにあたり細部にわたりアドバイス等を頂いた柴田章編集長に深く感謝申し上げる。

進藤　雄介

二〇〇八年九月

アフガニスタン関連年表

1747年	アハマド・シャー・ドゥラニによりドゥラニ王朝成立。
1839～42年	第一次英・アフガン戦争。
1878～80年	第二次英・アフガン戦争。
1880年	英国の保護領となる。
1919年	第三次英・アフガン戦争。**英国から独立達成**。
1933年	ナーディル・シャー国王暗殺される。息子のザーヒル・シャー国王が即位。
1947年	パキスタン独立。
1973年	**クーデターにより王制廃止**。モハマド・ダーウドが大統領就任。
1978年 4月	共産主義革命発生。ヌル・モハマド・タラキが革命評議会議長に就任。
1979年 9月	タラキが暗殺され、ハフィズラ・アミンが革命評議会議長に就任。
1979年12月	**ソ連軍がアフガニスタン侵攻**。バブラク・カルマルが実権掌握。
1986年 5月	モハマド・ナジブラがカルマルに代わり、アフガニスタン人民民主党書記長に就任。
1988年 4月	ジュネーブ合意、ソ連軍撤退開始。
1989年 2月	ソ連軍撤退完了。
1992年4月	ナジブラ政権崩壊、ムジャヒディン政権成立。ムジャヒディン各派間の対立により内戦継続。
1992年 6月	ブルハヌディン・ラバニが大統領就任。
1994年頃	**タリバン誕生**。
1996年 5月	ウサマ・ビン・ラディン、スーダンからアフガニスタンに移動。
1996年 8月	ウサマ・ビン・ラディン、「対米ジハード宣言」発出。
1996年 9月	タリバン、カブール制圧。ナジブラ元大統領を処刑。
1998年 8月	ケニア、タンザニア米国大使館爆弾テロ。タリバン、マザリシャリフ制圧。
1998年12月	アフガニスタン問題に関する国連安保理決議1214号採択。

1999年10月	タリバンへの制裁に関する国連安保理決議1267号採択。
2000年10月	イエメン沖で米駆逐艦コール号に対する爆破事件発生。
2000年12月	タリバンへの追加制裁に関する国連安保理決議1333号採択。
2001年 3月	タリバン、バーミヤンの仏像を破壊。
2001年 9月	**米国同時多発テロ事件発生**。
2001年10月	米英軍、アフガニスタンへの空爆開始。
2001年11月	北部同盟軍、カブール制圧。
2001年12月	ボン合意。タリバン、カンダハルから撤退。アフガニスタン暫定政権発足。
2002年 6月	緊急ロヤ・ジルガ開催。アフガニスタン移行政権発足。
2003年 3月	米軍のイラク攻撃開始。
2003年12月	憲法ロヤ・ジルガ開会。
2004年 1月	アフガニスタン新憲法採択。憲法ロヤ・ジルガ閉会。
2004年 4月	南ワジリスタン和平合意。
2004年10月	アフガニスタン大統領選挙。
2004年11月	カルザイ大統領当選確定。
2005年 2月	南ワジリスタン和平合意。
2005年 9月	アフガニスタン国会下院・州議会選挙。
2005年12月	**アフガニスタン国会開会（ボン・プロセス完了）**。
2006年 1月	FATAバジョール管区ダマドーラ村空爆事件。
2006年 9月	北ワジリスタン和平合意。
2006年10月	FATAバジョール管区内のマドラサ空爆。
2006年11月	ISAF、アフガニスタン全国展開完了。
2007年 7月	ラール・マスジッド制圧。ローカル・タリバン、北ワジリスタン和平合意破棄を宣言。
2007年 8月	ローカル・タリバン、南ワジリスタン和平合意破棄を宣言。
2007年10月	パキスタン大統領選挙。
2007年11月	ムシャラフ大統領の再選確定、陸軍参謀長を辞任。
2007年12月	ブットー元首相暗殺事件。
2008年 2月	パキスタン総選挙、与党大敗。
2008年 3月	パキスタンでギラーニ内閣発足。
2008年 8月	ムシャラフ大統領辞任。
2008年 9月	パキスタン大統領にザルダリ（ブットー元首相の夫）選出。

進藤 雄介（しんどうゆうすけ）
1964 年、大阪府生まれ。
1986 年、東京大学経済学部卒業、外務省入省。
在サウジアラビア大使館二等書記官、地球規模問題課首席事務官、在ドイツ大使館一等書記官、通常兵器室長、福井県警察本部警務部長などを経て、2006 年 8 月から 2008 年 8 月まで国際情報官（安全保障、国際テロ等担当）。
現在、大臣官房考査・政策評価官。
著書に『地球環境問題とは何か』（時事通信社、2000 年）、『アフガニスタン祖国平和の夢』（朱鳥社、2004 年）がある。

タリバンの復活 ――火薬庫化するアフガニスタン――

2008年10月22日　初版第 1 刷発行
2021年 9 月30日　初版第 2 刷発行

著者 ―― 進藤雄介
発行者 ― 平田　勝
発行 ―― 花伝社
発売 ―― 共栄書房
〒101-0065　東京都千代田区西神田2-5-11出版輸送ビル2F
電話　03-3263-3813
FAX　03-3239-8272
E-mail　info@kadensha.net
URL　http://www.kadensha.net
振替 ―― 00140-6-59661
装幀 ―― 水橋真奈美（ヒロ工房）
印刷・製本― 中央精版印刷株式会社

ISBN978-4-7634-0530-2 C0036